2時間でざっくりつかむ！

中小企業 の

「就業規則」

はじめに

読む本

源田裕久

社会保険労務士
（就業規則の超プロ）
産業心理カウンセラー

Subarusya

『就業規則』を経営のパートナーとするために……

　少子高齢化に伴う生産年齢人口の減少という日本社会の現況に鑑み、育児や介護をはじめ諸事情を抱える方々がそれぞれの状況に応じた多様な働き方が選択できる社会の実現を目指して、2018年6月に「**働き方改革関連法案**」が成立しました。これは日本の労働環境を変える大きな一歩となるものです。

　労働基準法などの法律が改正されましたが、その大きな趣旨は、**①長時間労働の是正**、**②多様で柔軟な働き方の実現**、**③雇用形態にかかわらない公正な待遇の確保**にあります。

　まず、長時間労働が一定ライン（時間外・休日労働が1カ月に100時間超、2～6カ月間の月平均で80時間超）を超えると、脳・心臓疾患の発症との関連が強くなることは医学的に確認されていますので、労働者の健康を確保するためには働き過ぎの防止はとても有効です。

　また、育児や介護を抱える方に対しては、短時間勤務や育児・介護の休暇取得などの支援策導入が雇用の維持につながります。

　さらに、同じ仕事に対する対価が同一となれば、正規雇用や非正規雇用にとらわれない多様な働き方が選択できるようになります。

　これらの方策がきちんと機能していけば、労働者が自らのライフスタイルに合わせて、雇用形態や労働時間を選択でき、自分自身の能力を十分に発揮できる社会が実現することでしょう。学校を卒業したら一つの会社に入って定年まで働く（そのような働き方自体を否定するものではありません）というこれまでのスタンダードな流れから外れてしまったとしても、いくらでもリカバリーが可能で、いつでも再チャレンジできる環境が整いますので、将来の日本の労働市場の活性化につながるものと期待しています。

　さて、企業経営者の皆さまにとって『就業規則』とは一体どんな存在な

のでしょうか？「会社の憲法」であり、「社内手続きマニュアル」でもある一方、もしかしたら「法律で決められているから形式的に作成するだけの書類」というお考えの方もいらっしゃるかもしれません。

　私は『就業規則』にはいろいろな"顔"があると考えていますので、それぞれが間違いだとは思いません。

　しかし、それらに加えて「こんな会社にしたい」という経営者としての熱い想いを掲げたり、社員がステップアップできるような服務規定を盛り込んだり、福利厚生メニューを紹介したり、逆に「これをやってもらったら困ります」というレッドラインを明確にしたりと、自社の実情に合わせた内容をバランス良くミックスして作成することがよいと考えています。

　もちろん、作成したらそれで終わり……ではなく、前述のとおり、企業を取り巻く労働環境は日々変化していますので、法改正や社会情勢の変化に応じた対処は必須です。実は『就業規則』は作成した後の定期的なメンテナンスが重要なのです。これを疎かにしてしまうと、道具と同じで"イザ"というときに使えないばかりか、逆に思わぬトラブルの要因となることもあり得ます。

　法律で決められた記載項目を網羅し、きちんと見直して、修正するためには、対応する法律の内容を正しく理解しなくてはなりません。働かず休んだ日に給与を支払う「年次有給休暇」について"納得できないから弊社には有給休暇はありません"というわけにはいかないのです。

　本書では、ざっくり『就業規則』の全体像が理解できるよう心がけて編集しておりますが、留意すべき法律上のポイントはしっかり盛り込んでおります。ぜひ、経営のパートナーである『就業規則』を練り上げるための羅針盤としてご活用いただければ幸いです。

2020 年 4 月　　源田 裕久

「働き方改革関連法」変更点＆注目ポイント

①長時間労働の是正

②多様で柔軟な働き方の実現

③雇用形態にかかわらない
　公正な待遇の確保

年次有給休暇の取得義務

年次有給休暇付与日数が 10 日以上のすべての労働者に対し、毎年 5 日、年次有給休暇を確実に取得させることが使用者に義務づけられました。

（→102〜109 ページ）

時間外労働の上限規制

残業時間の上限は、原則として月45時間・年360時間とし、臨時的な特別の事情がなければこれを超えることは禁止されました。
違反した場合、罰則（6カ月以下の懲役または30万円以下の罰金）が科される恐れがあります。

（→112ページ）

時間外労働・割増賃金率の中小企業猶予措置廃止

時間外労働が月60時間を超えた場合の割増賃金率は、これまで大企業の50%に対して中小企業は25%と優遇されていましたが、2023年4月からは大企業と同様50%となります。

（→146～147ページ）

同一労働同一賃金

正社員と非正規雇用労働者の間で、基本給や賞与、手当などあらゆる待遇について、不合理な待遇差を設けること、差別的取り扱いをすることが禁止されます。
また、正社員との待遇差の内容や理由について、非正規雇用労働者が説明を求めることができるようになり、使用者には説明義務が生じます。

（→68～70ページほか）

働き方改革　主なスケジュール
〈中小企業版〉

2019 年 4 月〜	□年 5 日の年次有給休暇取得が義務化 □労働時間の客観的な把握が義務化 □フレックスタイム制の清算期間拡大
2020 年 4 月〜	□時間外労働の上限規制導入（罰則付き）
2021 年 4 月〜	□同一労働同一賃金の導入
2023 年 4 月〜	□時間外労働の割増賃金率 　中小企業猶予措置の廃止（25%→50%）

◉中小企業の定義

業種	資本金の額 または 出資の総額		常時使用する 労働者数
小売業	5000万円以下	または	50人以下
サービス業	5000万円以下		100人以下
卸売業	1億円以下		100人以下
上記以外の業種	3億円以下		300人以下

Chapter
1 まずは就業規則の基本を知る

Chapter
2 総則のポイント

Chapter
3 採用・正社員・パートタイムのポイント

Chapter

4 服務規律のポイント

Chapter

5 労働時間・休日・休暇のポイント

Chapter 6 休職・退職・解雇・定年のポイント

Chapter 7 賃金・手当・残業代・賞与・退職金のポイント

Chapter

8 表彰・懲戒のポイント

Chapter

9 安全衛生・災害補償・育児・介護のポイント

Chapter **1**

まずは就業規則の
基本を知る

就業規則を作成する際の基本的な考え方を最初に理解しておきましょう。なぜ必要なのか、何を記載するのか、どんな手続きが必要なのかを押さえて、強い会社をつくりましょう。

就業規則をつくる前に労働法の概要を押さえる

まずは「労働基準法」「労働契約法」から

🔍「誰かを雇用する」ときに意識すべき最初のハードル

経営者1人ですべての仕事を完遂できる場合はさておき、新規プロジェクトに必要な能力確保や経営規模の拡大のため、家族ではない外部の「誰か」に仕事を手伝ってもらう際には、その人といったいどんな取り決めをするでしょうか?「仕事の内容は何で」「いつまでの期間」「場所はどこで」「1日に何時間仕事して」「報酬額はいくら」など、さまざまな条件について話し合い、経営者(=使用者)と雇用される人(=労働者)がお互い納得してから仕事に着手するというのが一般的な流れでしょう。

とはいえ、例えば使用者と労働者が「1日24時間働くこと」で合意した場合、これは守るべき基準として適切でしょうか? 仮に法律を知らなくても常識的に「NG」だと判断できます。では、1日に何時間まで働いてもらえるのか? 休憩時間は必要なのか? 日曜日や祝日は休まなければならないのか? などはどうでしょう? 基準がないと判断できませんね。この「誰かを雇用して」働いてもらう際に守るべき最低条件が「労働基準法」という法律に定められています。労働関係諸法令(労働法)の中で最も重要な法律です。

🔍「労働契約」についても細かいルールがあります

さて、最初に約束した労働条件について、労使(労働者と使用者)どちらかが一方的に変更することは可能でしょうか? 以前は民法など個別の法律で規定された労働契約に関する規定を参照していましたが、労働契約に関するルールを体系化し、権利義務を明確にした「労働契約法」が2008年に施行されました。いわば労働契約における約束事であり、前述の労働条件の引き下げは原則としてできないと明示されました(労使合意による場合を除きます)。就業規則に関する規定もあり、大変重要な法律です。

労働基準法以外の労働法も押さえよう

法律名	概要
労働契約法	労働契約を結ぶ際の条件に関すること ①「使用者」「労働者」の定義　②契約の原則 ③安全への配慮　④契約の成立条件　⑤労働条件の変更 ⑥就業規則違反の労働契約　⑦労働契約の継続・終了 ⑧懲戒・解雇　など
育児・介護休業法	労働者の育児や介護の支援に関すること
労働安全衛生法	労働者の安全と健康に関すること
職業安定法	労働者の募集や職業紹介などに関すること
労働施策総合推進法	労働者の雇用の安定、職業生活、労働生産性の向上促進などに関すること
労働者派遣法	労働者を派遣して働かせる条件などに関すること
最低賃金法	最低賃金に関すること
パートタイム労働法	パートタイム労働に関すること
厚生年金保険法	労働者の老齢、障害または死亡についての保険給付に関すること
健康保険法	労働者またはその被扶養者の業務災害以外の疾病、負傷もしくは死亡または出産についての保険給付に関すること
労働者災害補償保険法	仕事上でのケガや病気の補償などに関すること
雇用保険法	失業給付や育児休業給付、教育訓練に関すること
男女雇用機会均等法	雇用における男女の均等な機会と待遇の確保に関すること

「就業規則の超プロ」のアドバイス

就業規則を作成する前に、労働法のポイントを理解しましょう。

なぜ就業規則が必要なのか？

就業規則で、労務トラブルを未然に防ぐ

🔍 複数の人間がいる会社には、「共通のルール」が不可欠

　もし労働者が1人だけなら、ほとんどの経営者はその人に関する技能・知識、性格や趣味、家族構成に至るまで、多くの情報を把握しているでしょう。意思疎通もしっかり図れ、仕事を任せる範囲も的確に判断でき、不足している技能や知識の教育訓練も施せて、トラブルの発生頻度は低くなりそうです。またプライベートな事情を勘案して休暇を与えたり、手当を増やしたりしたとしても、誰からもクレームがくることはないでしょう。

　しかし、これが5人、10人、20人と増えた場合はどうでしょうか？例えばAさんには10日間の有給休暇を与える一方、同期入社のBさんには30日間の休暇を与えたとしたらAさんは不満に思わないでしょうか？逆にAさんに支給されている配偶者手当がBさんには不支給だったなら、Bさんは納得できるでしょうか？

　複数の人間が集団で行動する会社には、一定のルールが不可欠です。**同じ条件で働く労働者には同じルールが適用されるという公平性が担保されていなければなりません。**これが使用者によって恣意的に変えて適用されてしまったら、不満が渦巻き、さまざまなトラブルが発生します。

🔍 「就業規則」で、経営者の考えをハッキリ示す

　まれに「就業規則は労働者を縛るために必要なのだ」とおっしゃる経営者にお会いすることがありますが、私はそうは思いません。経験則上、トラブルが発生するのは、不公平な適用だったり、そもそもルールの内容が曖昧だったりすることに起因することが多いものです。「労働者を縛る」という考え方ではなく、**「こんな行動をされたら会社は困る」と経営者の考えをハッキリと示して、公平に運用することが大切です。**

公平で明瞭な「ルール」をつくろう

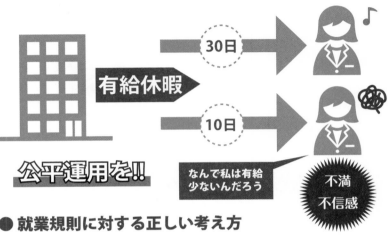

30日

10日

有給休暇

公平運用を!!

なんで私は有給少ないんだろう

不満 不信感

● 就業規則に対する正しい考え方

経営者

 「こんな行動だけは困るからやめてね」

 「就業規則は労働者を縛るためのものだ！」

規則の適用が不公平だったり、曖昧だったりすると、トラブルが発生しやすくなります。法律を遵守していたとしても、同じ条件で働く労働者に対しては、共通ルールの適用が不可欠です。

「就業規則の超プロ」のアドバイス

曖昧なルールはトラブルのもと。
明瞭な就業規則をつくりましょう。

就業規則の作成義務が発生するタイミングとは？

労働者が「常時10人以上」になったら発生

🔍 「常時10人」には、パートやアルバイトなども含まれる

「就業規則」の作成については、労働基準法の第9章に規定が置かれています。そこには「常時十人以上の労働者を使用する使用者は…（中略）…就業規則を作成し、行政官庁に届け出なければならない」とあります。

実務上よくご質問をいただくのは、「常時10人以上」という部分で、特に多いのが「正社員が10人になったら作成する」という誤解です。この規定に書かれている「常時10人」というのは「常態」としての意味です。仮に通常の営業日に出勤している人が10人未満であったとしても関係ありません。**正社員だけではなく、パート社員やアルバイト、有期契約社員なども含みます。**つまり雇用形態に関わりなく、常態として10人以上使用している場合には、就業規則を作成する義務があるのです。ただし、派遣社員を受け入れている場合はその事業場の労働者としてはカウントしません。あくまでも直接雇用している人だけをカウントします。

🔍 少人数でも作成するのがオススメ

では、常態として10人未満の場合は、就業規則を作成しなくていいのでしょうか？ 法律的にはそうなのですが、おすすめはしません。

仮に労働者が1人だけであれば、そんなに細かなルールを決めなくても支障は少ないと思われますが（ただし、法律上の有給休暇や労働時間などは厳守しなくてはなりません）、2人、3人と増えてきたなら法律に要請されるまでもなく共通ルールを定めるべきです。労働者間における不公平感も職場トラブル要因の一つであり、同じ職場に同じルールを適用することは労働者間の一体感を醸成し、トラブルを未然に防ぐことにつながります。

人数は事業所ごとにカウントする

労働基準法　第89条

常時十人以上の労働者を使用する使用者は、次に掲げる事項について就業規則を作成し、行政官庁に届け出なければならない。次に掲げる事項を変更した場合においても、同様とする。

1. 始業及び終業の時刻、休憩時間、休日、休暇並びに労働者を二組以上に分けて交替に就業させる場合においては就業時転換に関する事項
2. 賃金（臨時の賃金等を除く。以下この号において同じ。）の決定、計算及び支払の方法、賃金の締切り及び支払の時期並びに昇給に関する事項
3. 退職に関する事項（解雇の事由を含む。）

「常時10人以上」の定義

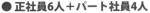

● 正社員が10人在籍　　● 正社員6人＋パート社員4人

● 正社員6人＋パート社員3人＋派遣社員1人

「常時10人」は会社全体ではなく事業所ごとに数えます。
また、退職等で一時的に9人になったとしても「常時10人」扱いになります。

「就業規則の超プロ」のアドバイス

営業所や支社ごとに作成義務が発生するので、注意が必要です。

就業規則には何を記載すべきなのか？

労働基準法にある「2つの記載事項」がベース

「絶対的必要記載事項」とは？

　労働基準法では、就業規則に記載すべき事項として、①労働時間に関すること（始業および終業時刻、休憩時間、休日、休暇など）、②賃金に関すること（賃金の決定＜臨時の賃金を除く＞、計算・支払の方法、賃金の締切および支払の時期など）および③退職に関すること（解雇事由を含む）の3つのカテゴリーが規定されています。これらは「絶対的必要記載事項」と呼ばれており、まさに就業規則を形づくる土台、中心となる幹といえるものです。しかし、これだけでは会社のルールブックやマニュアルとして十分に機能しません。あくまでも土台であり、実務上の運用には、さらに多くの枝葉が必要になります。

「相対的必要記載事項」とは？

　では枝葉（相対的必要記載事項）にはどんなものがあるのでしょうか？ 同じく労働基準法では、①退職手当に関する事項、②臨時の賃金（賞与）、最低賃金額に関する事項、③食費、作業用品などの負担に関する事項、④安全衛生に関する事項、⑤職業訓練に関する事項、⑥災害補償、業務外の傷病扶助に関する事項、⑦表彰、制裁に関する事項、⑧その他全労働者に適用される事項という規定が置かれています。

　これでかなり形式的には整ってきましたが、実は就業規則にはこれらの法律的な要請を満たせば、それ以外に何を記載してもいいことになっています。会社の歴史、経営者の理念や考え方、社員育成マニュアルなど、挿絵を入れて表現することなども可能です。労働者に読んでもらい理解と共感を得られるような工夫を盛り込みましょう。

これがないと就業規則は成立しません

絶対的必要記載事項 …絶対に記載しなければならない項目

①労働時間に関すること
　始業および終業の時刻、休憩時間、休日、休暇など

②賃金に関すること
　賃金の決定、計算および支払の方法、締切、支払時期など

③退職に関すること
　退職、解雇、定年についての事由や手続きなど

相対的必要記載事項 …定めたら記載しなければならない項目

①退職手当に関すること

②臨時の賃金（賞与）、最低賃金額に関すること

③食費、作業用品などの負担に関すること

④安全衛生に関すること

⑤職業訓練に関すること

⑥災害補償、業務外の傷病扶助に関すること

⑦表彰、制裁に関すること

⑧その他全労働者に適用されること
　休職、服務規律、出向、配置転換、財形制度など

「就業規則の超プロ」のアドバイス

**記載事項が法令に反している場合、
労働契約の内容として認められません！**

5 就業規則本体とは別に「規程」を作成する

「規程」も労働基準監督署への届け出が必要

「賃金規程」「退職金規程」など、就業規則と連動させる

前項でお話ししましたが、就業規則は「絶対的必要記載事項」と「相対的必要記載事項」の2つをベースに構成されています。

この中で「賃金」は「絶対的必要記載事項」なのですが、その内容は賃金構成から各種手当、時間外労働や休日労働の割増率、賃金の計算および支払方法、控除項目と金額、昇給・降給の有無、端数の処理など多岐にわたり、かなりのボリュームになります。そのため**「賃金規程」として就業規則の本体とは別に作成することも多く見られます**（以前は別規程は賃金や退職金などに限定されていましたが、1999年の労働基準法改正により、限定が撤廃されました）。なお、一般的には条項などの個々の定めを「規定」と呼び、この規定がまとまったものが「規程」となります。

このように「賃金規程」を別に作成した場合でも、就業規則の本体には賃金条項は置いておき、「賃金に関する事項は賃金規程で定める」と委任するようにします。もちろん、この**「賃金規程」も含めて「就業規則」となりますので、作成や改定した際は労働基準監督署への届け出が必要です。**

内容を改定した場合は、「附則」に書き込む

さて、「賃金規程」なども含め、就業規則の内容を改定した場合には、どこかに書き記すべきなのでしょうか？

法律上の要請ではありませんが、一般的には就業規則の末尾に「附則」項目を付して、その施行日や改定日を表すようにしましょう。いつからその変更内容が適用されるのかを示すためです。あわせて変更内容や条項を付記しておくと、後日その内容を追って確認しやすくなりますので便利です。

「規程」と「規定」と「就業規則」の関係

規程

規定がまとまったもの

規定

条項など個々の定めのこと

退職金規程

賃金規程

旅費規程

全体として「就業規則」

就業規則

【附則】
令和○年4月1日
一部改定
（勤務間インターバル
制度導入）

「就業規則の超プロ」のアドバイス

就業規則と規程をうまく駆使して、会社のルールを明確に伝えましょう。

「モデル就業規則」を利用するときの注意点

自社に合わせたカスタマイズが必須

🔍 そのまま使うと、不要な規定が残り、トラブルの原因に

就業規則の作成や見直しのご相談をお受けする際、「インターネットにアップされているモデル就業規則を使うのではダメなの？」と聞かれることがあります。

例えば、厚生労働省が例示しているモデル就業規則には、冒頭に記載すべき内容や規則の作成・変更手続き、周知方法の説明が掲載されており、さらに各条文のサンプルと解説もあります。それに沿って必要な事項を埋めていけば、オーソドックスな就業規則はできあがります。

しかし、モデル就業規則は一般的な内容をすべて網羅しているので、自社に必要のない内容まで書かれていることがあります。これを理解して削除したり、カスタマイズしておかないと、トラブル防止のための規則が、逆にトラブルの原因になってしまうことがあるのです。

🔍 自社に必要な項目だけに絞り、内容も精査する

このほか、「休職」などをはじめとする期間設定などはブランクとなっており、自社で決めて埋め込むようになっていますが、実はこれらの期間設定をどのくらいの長さにすべきかが重要であり、さまざまなノウハウが求められるのです。「服務」のサンプル項目なども少なめで、そのままでは規律としての実用性はかなり低いでしょう。また「賞与」や「退職金」の規定例もありますが、これは法定されている制度ではありませんので設けなくても大丈夫です。しかし、気づかずに安易に書き込んでしまえば、該当者に請求された場合、支払いを拒否することはできません。**本当に必要な項目に絞り込み、内容を精査・検討し、労使ともにベストな関係が保てるようカスタマイズした就業規則を作成しましょう。**

かえってスキができてしまう

事例① 時間外労働の割増賃金率

モデル就業規則

1カ月60時間超の場合50%と記載されている

↓ 見落としていませんか？

中小企業の場合

25%のままでもよい（2023年3月まで）

事例② 労働時間

モデル就業規則

1カ月単位の変形労働時間制のサンプルとして、
1日7時間15分とする条項が記載されている

↓ 仮に1日8時間労働の事業所が
誤ってそのまま記載してしまった場合……

1日に45分の時間外労働が発生していることに……
残業代トラブルで経営に影響を及ぼしかねない⁉

「就業規則の超プロ」のアドバイス

**想定外の支払いが発生する事態に
なりかねないので、注意しましょう！**

就業規則はわかりやすく具体的に書く

曖昧な表現はトラブルの元凶

なるべくわかりやすい表現にする

　前述のように、「就業規則」に書き込むべき記載事項について、法律で規定された決まり事があります。では、その表現方法についても決まり事があるのでしょうか? 結論から先に言えば、「NO」です。

　"会社の憲法"などと例えられることもありますので、それこそ条文のような難しい文言が並ぶ書類として非常に堅いイメージを持つ方も多いようですが、実はその**表現方法については決まり事がありません**。文章のみならず、挿絵や図表、マンガイラストなどを使用してもいいのです。

グレーゾーンを残さないように、具体的に表記する

　「取り急ぎインターネットにある雛形を使って形式だけでも整える」という経営者もいらっしゃるでしょう（これは前項でもお伝えしたように、非常に危険なことです）。しかし「就業規則」は会社のルールを労働者に理解してもらうためのものです。「公序良俗に反することを禁ずる」と書かれていたとしても、どんな行為がそれに該当するのか、労働者はすぐに理解できません。

　「会社の内外を問わず、法令の違反、金品の不正な着服、喧嘩、暴行、人を罵る、根拠のない噂を流す、相手を貶める言動をする等の行為をしてはならない」と表現してはじめて、具体的なイメージができます。どこまで噛み砕いた表現とするのかは経営者の考えによりますが、少なくとも**労働者の多くが書かれている内容について共通の理解を得られるようにしなければ、規則を定める意味がありません**。グレーゾーンを残さないよう具体的に表記することです。

社員が理解できるようにつくる

挿絵、図表、マンガイラストなどを使用しても OK

- ・誕生日休暇あります
- ・ランチタイムは○時〜○時です
- ・休日出勤をした場合は、必ず代休をとっていただきます ……etc.

規則は具体的にイメージできる表現で！

 悪い例

「公序良俗に反することを禁ずる」

→ 「曖昧」「どこまでならセーフなの？」

良い例

「会社の内外を問わず、法令の違反、金品の不正な着服、喧嘩、暴行、人を罵る、根拠のない噂を流す、相手を貶める言動をする等の行為をしてはならない」

→ 「具体的！」「これはダメなのか」

 「就業規則の超プロ」のアドバイス

せっかく作成しても、従業員に読まれず、理解されなければ意味がありません。

8 就業規則を遵守してもらうために

その就業規則で、社員を正しく導けますか？

🔍 緩い就業規則は社員にやさしいのか？

　新規に就業規則を作成する場合でも、既存の就業規則を見直す場合でも、「当社はアットホームな職場環境なので、あまり細かい規定はつくらず緩くしてくださいね」というリクエストを受けることがあります。

　新規作成なら条文を削ることも考えられますが、すでにある規則を緩くするという作業は、いったい何をすればいいのか思い浮かびません。もっともそういうリクエストがあった際には、決まって「それなら作成しないほうがいいのではないですか？」とお答えし、場合によっては依頼をお断りすることがあります。これは決して私の考えを聞いてもらえないからと拗ねているのではありません。前項でお伝えしたように、**曖昧な就業規則はそれ自体が労務トラブルを引き起こす要素になる**からです。

　例えば「社員には有給休暇を与える」という条文を作成した場合、どのようなトラブルが予想されるでしょうか？　いつまでに、誰に申請するのかがわかりませんし、そもそも何日分の有給休暇が取得できるかすら判然としません。取得方法や日数を巡って会社と社員の間で諍いが起こることは容易に想像できますし、社員間でも争いが起きる恐れがあります。

🔍 細かな就業規則は社員にマイナスなのか？

　私自身は「細かな規則は窮屈で社員を縛るから良くない」という考え方は間違っていると考えています。**ルールが曖昧だとその時々の判断に幅が出てしまい、結局「ここまではいいだろう」というルーズな雰囲気が醸成されてしまいます。**細かなルールは社内に規律を生み、真面目に頑張る社員を守ります。厳しそうに見えるルールは「社員を縛る」ということと同義ではなく、社員を正しい方向に導くための道標になるのです。

なるべく解釈の幅をつくらない

「労働者を縛るようなルールはつくりたくない」
とアバウトにしていると……

有給休暇
あります！

結局
中身が
わからない！

**労務トラブルの
原因に……**

有給休暇があるのは
わかったけれど……
●誰でも申請できるの？
●いつまでに申請するの？
●そもそも有給休暇は
　何日あるの？

細かなルールは嫌だとしても
中身がわからなければ意味がありません

年次有給休暇
1. 有給休暇の付与条件は……
2. 有給休暇の申請は○日前までに
3. 有給休暇の日数は……

▲具体的に‼

「就業規則の超プロ」のアドバイス

**曖昧なルールでは、かえってトラブルの
原因になりかねません。**

就業規則を活用して 会社を成長させる

平等・公平が一体感を生む

🔍 ルールブックだけでない就業規則の実力とは？

これまで見てきたように法律的な作成義務が課されている就業規則は、文字通り就業に関しての約束事を定めたルールブックです。

それは労使間の見解の相違を埋めて、曖昧な範囲を確定させ、労働者としてなすべきこと、逆にやってはいけない禁止事項を明確に示すことで、同じ職場で働く者が同じように適用される共通ルールとして尊重され、さまざまなトラブルを未然に防ぐ役目も担うものです。

しかし、24ページでも触れましたが、「絶対的必要記載事項」と「相対的必要記載事項」を盛り込めば、あとは挿絵やグラフのみならず、4コママンガを入れて表現してもかまわないのです。さすがに今の時点で挿絵やマンガまでは入れられなくとも、経営に懸ける情熱や創業時の苦労話（成功談）、会社の将来目標など、労働者が「そうだったのか！」「なるほど！」と共感できる事柄などを入れることは、労使間あるいは労働者間における一体感を醸成する意味でも意義のあることでしょう。

🔍 社員も会社も成長させるマニュアルに仕立てる

さらに加えて、例えば社員に心がけてほしいと考えている身だしなみや接客応対の方法、作業時における注意事項や整理整頓の手順などを「服務規定」として盛り込んで、"社員育成マニュアル"として活用することを検討してもいいでしょう。その場合には就業規則の周知方法（33ページ）として列挙されている、見やすい場所への掲示やPCなどでの閲覧ではなく、労働者一人ひとりにプリントして交付すべきです。常に手元に置いて内容を確認できるようにすることで、マニュアルとして活用できますし、周知徹底を図る意味でも効果的です。

社員育成マニュアルとしても活用できる

 約束事を定めた
ルールブック

＋

□経営に懸ける情熱 一体感
□創業時の苦労話・成功談
□会社の将来目標

＋

□身だしなみ マニュアル
□接客応対の方法
□整理整頓の手順

 「就業規則の超プロ」のアドバイス

経営者の熱い想いなども書き込むことで、
社員と目標を共有することも大切です。

10 「労働者代表」に意見を聴く

「意見書」の添付が法律で必須

🔍 労働者代表と選出方法

　法律的な要請として就業規則を作成する場合は、その手続きとしてどんなことに留意すべきなのでしょうか？

　これも労働基準法で定められており、「労働者の過半数で組織する労働組合がある場合においてはその労働組合、無い場合には労働者の過半数を代表する者の意見を聴き、その結果を書面にして届け出ること」が義務づけられています。つまり労働者の代表に「こういう規則を定め（変更し）ますので、意見を聴かせてください」と尋ね、それを意見書として就業規則の届出時に添付することが求められているのです。

　中小企業では労働組合が組織されていないことが多く、実務的には「労働者代表」からの意見聴取が多いのですが、この代表者の選出方法が近年、要注意事項の1つとしてクローズアップされています。労働者代表は、就業規則の意見聴取に限ったことでなく、休日労働や残業をさせる際のいわゆる"36協定"などの労使協定を締結する場合にも必要です。ひと昔前までは「親睦会の代表が自動的に就任」などもあったようですが、特に最近はこのように選出された人は労働者代表とは認められず、労働基準監督官から「協定無効」と指摘されるケースも散見されるようになっています。しっかり民主的な方法で労働者代表を選出しましょう。

🔍 「異議あり」という意見が出されたとしても……

　なお、労働者代表から意見を聴取したところ「この内容には同意できません」と言われてしまい「異議あり」と書かれた場合でも、意見書はそのまま提出すれば受理されます。同意までは求められていません。もちろん、労使双方で話し合いを持ち、相互理解を得ることは労務管理上で大切です。

労働者代表は民主的な方法で選出

労働基準法　第90条

①使用者は、就業規則の作成又は変更について、当該事業場に、労働者の過半数で組織する労働組合がある場合においてはその労働組合、労働者の過半数で組織する労働組合がない場合においては労働者の過半数を代表する者の意見を聴かなければならない。

②使用者は、前条の規定により届出をなすについて、前項の意見を記した書面を添付しなければならない。

労働者の過半数を代表する者の選出方法は？

①監督または管理の地位にない者から選出

②代表者を選出することを明らかにして実施される投票、挙手等の方法（民主的な手続きによる）で選出

 きちんとした選出方法でなければ、労働基準監督官から「協定無効」と指摘されるケースも！

 「就業規則の超プロ」のアドバイス

法律的には同意を得られなくてOKでも、労使双方で歩み寄ることが大切です。

11 就業規則は届出&周知 しないと効力ナシ

作成しただけで満足しない

🔍 労働基準監督署に届出する

労働基準法が要請する記載事項を満たし、また服務規定などの社員育成マニュアル部分も盛り込んだ就業規則が完成して、労働者代表からの意見も聴取しました。さぁ、これで今日から経営者のパートナーとしての就業規則が効力を発揮してくれるでしょうか？

残念ながら、もう少しだけ手続きが残っています。それは行政官庁への届出（法律的な作成義務者の場合）と労働者への周知です。

就業規則の届出先は「所轄」の労働基準監督署となっています。「所轄」とは、会社（事業所）の所在地を管轄することを指します。**営業所や支所などがそれぞれ就業規則の作成要件を満たす場合は、それぞれで作成して届出する必要がありますが、一定条件のもと本社一括届出も可能です。**

🔍 机や金庫などにしまわず、すぐに社員に周知する

せっかく作成して届け出したはずの「就業規則」ですが、これを社長室の金庫に入れたり、机の中にしまいこんだりして、労働者に周知しない経営者にお会いすることがあります。これは本当にもったいないことです。何よりも**最高裁判所の判例にもあるように就業規則の効力が有効になりません。**

なぜ、労働者に見せないのか問うと「有給休暇があることを知られては困るから」などと後ろ向きな返答をいただくことがあります。この情報化社会にあって労働者のほうが情報をキャッチしている場合も多く、そもそも法改正により **2019 年 4 月から有給休暇の取得は義務化**されています。「当社の就業規則はこうなっているからよく読んで理解してほしい」と積極的にアピールできる内容にしましょう。

周知しなければ、法的効力ナシ

ここまでの流れ ➡ 提出

①就業規則を作成

②労働者代表から
　意見聴取

労基署

提出して終わりではありません‼
しっかり社内で周知しましょう‼

PCでの閲覧

見やすい場所に掲示

書面で交付

周知されていない就業規則は、効力が
ないという最高裁判決もアリ！
周知しないまま机や金庫にしまってお
くのは絶対にダメです！

「就業規則の超プロ」のアドバイス

せっかく作成した就業規則も、一定の手続
きを経なければ有効とはなりません。

なぜ、ルールが必要なのか？
法律だけでない企業統治

　複数の人間が所属する会社には一定のルールが不可欠であり、同条件で働く従業員に公平性が担保されることが重要だということは、ご理解いただけたのではないかと思います。

　2018年に成立した働き方改革関連法案では「同一労働同一賃金」が提唱され、中小企業でも2021年4月から適用されます。考えてみれば、非正社員であっても通勤という行為自体に正社員との違いはなく、片方だけに通勤手当が支払われるというのはたしかに不合理なことです。逆に職務や責任の違いに応じた区別が行われることは合理的であり、それも含めてすべて同じにするというのは逆差別となってします。どこに境界線を引くべきなのか、今後、判例なども参照しつつ、冷静に判断して対応することが求められます。

　そのような各種手当の支給や金額などへの配慮はもちろん、労働時間や休日、有給日数、賞与の支給回数、福利厚生制度の利用など、働く人には公平にルールが適用されていなければ、不満が渦巻き、企業統治に影響が出かねません。

　しかし、仮に「年次有給休暇は5日前までに申し出すること」という規則を定めていた場合、体調不良で当日の朝に欠勤の連絡を受けた際、当該労働者が日頃から非常に勤勉な姿勢で業務を遂行していたという評価のもと、残余の有給休暇と振り替える措置を取ったとしても、それは企業を統べるうえでの経営者としての裁量の範疇ではないでしょうか？　私自身は、そのような温情的な采配までを否定するつもりはありません。ただし、誰かれ構わず同じように対処することは意味を持ちませんので、おすすめはいたしません。

Chapter **2**

総則のポイント

社員にとってわかりやすく公平な規則でなければ、無用なトラブルが生じてしまいます。規則を遵守してもらうため、長く働いてもらうための基本的な総則を決めていきましょう。

12 就業規則の「目的」を明確にする

「総則」の第1条にも書き込む大切な項目

🔍「目的」は就業規則の1丁目1番地になる

　前述のように、複数の人間が集団で行動する会社には一定のルールが不可欠です。同じ環境で働く人には同じルールが適用されるべきであり、そうでないとさまざまなトラブルが発生します。

　しかし、それは労働者の個性を否定することと同意ではありません。今ある危機を解消する知恵を出せる人、長期的な視野に立ったプランニングが得意な人、すぐにお客様と仲良くなれる人……「会社」という共通の目的を達成する組織運営上、多様な労働者が集まるということは、柔軟性や活性化を生む活力源となりますので、とても良いことです。

　それら多種多様な価値観、考え方を持った労働者が自由闊達に意見交換をできる環境であれば問題はありませんが、これが常に衝突していたのでは円滑な事業遂行はおぼつきません。**労働者を統制して、共通の目的に導くことがルールをつくる大きな意義であり、それこそが就業規則の重要な役割であるはずです。**

🔍「目的」の規定を作成するときのポイント

　就業規則の冒頭に目的を掲げることが多いですが、時折「会社と社員は共に協力してこの規則を遵守し……」という書き出しから始まる文言を目にすることがあります。聞こえはいいですが、この書き方はやめるべきです。

　就業規則は労働者に守ってほしい服務規律やマニュアルを定めているのであって、会社はこれを遵守すべき当事者ではないからです。「この規則は秩序維持と業務の円滑な運営のため、社員の就業と服務規律を定めたものである」などと書くのがよいでしょう。

📍 「目的」が社員を同じ方向に導く

不平等なルール
……お互い疑心暗鬼になり職場環境が悪化

平等なルール
……同じ目的を共有する同士として団結力アップ

適法であれば
書けないタブーはない

まずは好きなように
↓
法律内に収まるよう修正

社訓
目標

「就業規則の超プロ」のアドバイス

**「総則」に書き込む以上に、
「目的」を深く広く考えましょう。**

13 就業規則の「適用範囲」を定める

その就業規則の対象者は「誰」？

🔍 安易に設定、表記するとかなりキケン

　さて、「総則」で「目的」を決めたあとに考えるべき、とてもとても大切なことがあります。それはその就業規則が適用される対象者が"誰か？"ということです。

　就業規則の作成・見直しを依頼される際、経営者にその旨をお伺いすると、開口一番「えっ？ 誰とはどういうことですか？」と驚かれることがあります。おそらく「会社のルールは1つ」との考えからのご返答だと思われます。しかし、少し掘り下げて考えていただきたいのですが、会社にはフルタイムの正規労働者（≒正規社員）だけが雇用されている場合もあれば、短時間社員制度が採用されている場合もあります。またパートタイム労働者や定年後の再雇用社員が働いている場合もあります。これら多様な労働者について一律のルールを適用することは適切なのでしょうか？

　仮に退職金について正規社員には支払うが再雇用社員には支払わない、あるいは支払いはするが金額の計算方法が違うという場合、**1つの就業規則しか作成していなかったり、またはその部分をしっかり書き分けて表現していなければ、一律に等しく適用することになってしまい、トラブルの原因となります。**安易に「この規則は当社の労働者に適用する」などと設定、表記することは危険です。労働者の適用範囲を明確にしましょう。

🔍 「パートタイム労働者就業規則」の表記に注意

　またパートタイム労働者などに適用する事項について「パートタイム労働者就業規則による」などと表記しているのに、実際は就業規則として作成していない場合も見受けられます。この場合、パートタイム労働者に正規社員用の就業規則が適用される可能性がありますので注意が必要です。

対象者別に就業規則を定める

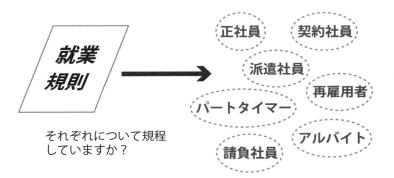

就業規則

それぞれについて規程していますか？

正社員　契約社員　派遣社員　再雇用者　パートタイマー　アルバイト　請負社員

例えばこんな風に書いておきながら……

> パートタイム労働者についての労働条件は、「パートタイム労働者就業規則」に定める。

パートタイム労働者就業規則

実際に別の就業規則が存在しない場合、正社員用の就業規則が適用されることも

本当にありますか？

「就業規則の超プロ」のアドバイス

適用範囲が曖昧な場合、非正規社員に正規社員用規則が適用されることがあります。

「補助金」と何が違う？
上手な「助成金」の活用方法とは

　私は2009年から厚生労働省所管の「ジョブ・カード制度」における『地域ジョブ・カードサポートセンター』の推進員として、地域企業の人材確保・育成に10年間携わらせていただきました。この事業の要諦は企業と人材のミスマッチを埋めるべく、有期雇用された労働者の能力向上と正規雇用への転換を目指し、座学と実技を組み合わせた訓練を施すことにあります。企業、労働者の双方に有効な制度だと思います。

　これを計画通りに実施して一定条件を満たした企業に対しては、労働者の賃金と訓練に掛かった経費の一部が助成金として支給されます。あまり予算を計上できない中小企業には特に有用でしょう。

　このようにある政策目的を浸透させるための金銭支援が『助成金』です。厚生労働省が所管しており、多くは「人」に関する事業について、一定の条件を満たせば受給できる可能性が高い制度となっています。通年での活用ができることも特徴の1つです。

　これに対して、経済産業省や地方公共団体などが所管するのが『補助金』で、一定の条件を満たした事業者の中から採択される公募制が多く、応募したとて必ず交付されるとは限りません。また受付期間も非常に短いことが多いので、事前の準備が必須となります。

　『助成金』は『補助金』と比べ支給金額は少額ですが、多岐にわたって豊富なメニューが用意されていますので、人材育成や労務管理改善、安全性の向上など自社の課題克服に資する制度内容であるならば、積極的に活用すべきです。なお、近年はコンサルタントと名乗る企業・団体などが、甘言を弄して脱法的な指南をするケースが急増しています。ご相談される際にはぜひ、専門家である社会保険労務士をご活用ください。

Chapter **3**

採用・正社員・パートタイムのポイント

一度雇用すれば簡単には解雇できない時代だからこそ、採用は慎重に行う必要があります。また、女性やシニア世代、外国人労働者の雇用についても規則を整えていきましょう。

14 採用試験は慎重に実施する

一度採用した労働者は、簡単に解雇できない

🔍 安易に採用することは命取りに

　大手転職サイトによれば、企業の約半数が採用時に筆記試験を実施しているというデータがあります。しかし、私の経験上、特に地方都市の中小企業では、ほとんどが面接試験だけで採否を決めているように感じます。

　弊社顧問先は非正規労働者を含め、数人〜500人超の規模まで多種多様ですが、その多くで筆記試験は未実施です。主な理由は「必要性を感じない」「問題作成や採点に手間がかかる」といったものでした。

　特に有効求人倍率が上昇して人材確保が難しくなってくると、面接試験どころか履歴書だけで採用を決めてしまう企業もあるようですが、これから一緒に仕事をする人がどんな人物なのかを知らないまま採用するのはあまりに危険です。**現状の労働法制では、たとえパートタイム労働者であっても、一度採用したら、そう簡単に辞めてもらう（解雇含む）ことなどできません。**たとえ人手不足であったとしても安易に採用することは労務管理的にも問題です。**せめて面接試験は実施すべきでしょう。**

🔍 最低でも「面接試験」は実施する

　特段、筆記試験のような問題は用意せずとも自社事業に関連する質問はできるはずです。その答弁の中身や態度を観察することである程度の人物評価は行えますので、採否の判断材料とすることができます。こうお話しすると「そんな短時間の面接では本当の姿などわからないでしょう」とおっしゃる経営者もいます。もちろんそれは理解できますが、それでも面接時の第一印象というのは、それなりに当てになるものです。少なくとも「この人の受け応えは好ましくない」という人物は排除できます。さらに必要であれば、専門的な知識を問う筆記試験もあわせて実施しましょう。

面接試験、筆記試験のポイント

面接試験　質問事項の参考例

OKトピック	NGトピック
①自己紹介	①家庭・生活環境に関すること
②自分の長所と短所（課題）	②本籍・出身地に関すること
③これまでの就業で学んだこと	③信仰・宗教に関すること
④今後高めたいと考えるスキル	④政治思想・信条に関すること
⑤仕事を通じた将来の目標	⑤労組への参加に関すること
⑥仕事についての考え方	⑥結婚・出産予定に関すること
……など	……など
○自社の業務上、必要不可欠な事項かどうかを勘案すること	○面接時に留意すべき法律 ・「男女雇用機会均等法」 ・「労働組合法」

■人材の見極め
■社風とのミスマッチ防止

筆記試験　採用されている問題例

①一般常識問題……社会人としての常識についての確認
②業界知識問題……必須事項への理解度についての確認
③小論文　　　……課題への対応力についての確認

「就業規則の超プロ」のアドバイス

どういう人物を採用したいのか、事前に社内で検討してミスマッチを防ぎましょう。

採用面接時に
提出してもらう書類

念には念を入れ、公的な書類で確認を

🔍 積極的に活用したい「ジョブ・カード」

　採用後に提出してもらう書類と混同しがちですが、まず面接試験を行う際に採否の判断材料としたい書類がいくつかあります。そのうちの1つが「ジョブ・カード」です。まだまだ耳馴染みがないかもしれませんが、厚生労働省が2008年から整備している定型書類であり、あまり自己アピールが上手でない日本人気質を勘案してか、従来的な履歴書に職務経歴書をミックスしたようなスタイルとなっています。過去に受けた公共職業訓練などの実習内容も記載できる仕様なので、就職希望者のスキルをある程度見極める材料になります。専用のウェブページで作成ができますので、履歴書に代えて、積極的に活用を図ってほしい書類だと私は考えます。

🔍 「運転免許証」だけでは足りないことも・・・

　自動車運転が想定される事業では、事前確認として運転免許証の写しを提出させる場合もあるかと思いますが、その際には原本も提示してもらい内容を確認しましょう。レアケースですが改ざんされたコピーだったという事例もあるようです。あわせて「運転記録証明書」（過去5年分）も提出してもらい、過去の記録をチェックすると未来予想にも役立ちます。

🔍 意外と大事な「源泉徴収票」

　転職時における給与金額の設定では、前職をベースに勘案することが多いと思われます。この際に必要となるのが「源泉徴収票」です。これは年末調整に使用することはもちろんですが、何より前職における給与金額を確認するうえでも非常に大切です。**トラブルになることを防止するためにも口頭での確認ではなく、お互いに書面を見て確認することが大切です。**

書類での確認がトラブル防止に

履歴書・職務経歴書 または □ ジョブ・カード	ジョブ・カード……厚生労働省が推進している「生涯を通じたキャリア・プランニング」「職業能力証明」のツールで、採用時に活用できる

キャリアプラン	職務経歴	免許・資格	学習歴訓練歴	仕事ぶりの評価

企業、求職者双方にメリット

【参考サイト】ジョブ・カード制度総合サイト　https://jobcard.mhlw.go.jp/index.html

□　運転免許証	特に業務上で必要となる場合には、現在の有効な免許状況の確認や過去の違反状況の確認のため、下記の書類を提出してもらうことを検討しましょう

□運転記録証明書……過去5年、3年、または1年の交通違反、交通事故、運転免許の行政処分の記録の証明書

□運転免許経歴証明書……過去に失効した免許、取り消された免許、または現在受けている免許の種類、取得年月日等についての証明書

【参考サイト】自動車安全運転センター　https://www.jsdc.or.jp/

□　源泉徴収票または課税証明書	前職における給与金額を確認（前職がある場合）年収の水増し申告防止に役立つ
□　健康診断書	「運転業務に必要な視力の有無を確認したい」など、業務上必要な場合。原則として3カ月以内に実施されたもの

■その他　　□3カ月以内に撮影された写真
□卒業証明書または卒業見込み証明書
□各種資格証明書

前項でも触れましたが、家庭環境に関することや宗教、思想に関することについて確認することは、書類の提出においてももちろんNGです。

「就業規則の超プロ」のアドバイス

入社前の入念なチェックで、未然に労務トラブルの種をつみましょう。

16 入社前に提出してもらう書類

採用決定後も油断は禁物

🔍 どんな書類を提出してもらえばいいのか

　面接試験等の選考前に提出してもらうとよい書類は前項で書きましたが、採用が決まった後に追加的に提出してもらうべき書類があります。なお、面接試験等の事前と事後に提出する書類については、法律で規定されているような事柄ではありませんので、ご留意ください。

　一般的な書類としては、入社に際して社内ルールを守ることを約束した「入社誓約書」や、個人情報の漏洩防止を約束させる「個人情報保護に関する誓約書」などがあります。また現住所や氏名、生年月日などを確認するための「住民票記載事項証明書」の提出も多いことでしょう。これは「住民票の写し」とは違い、会社として必要と考える事項だけを指定して記載、証明してもらう内容となっています。

　なお、トラブルが発生した際、当該労働者と共同で弁済等を行うことを第三者に約束してもらう「身元保証書」について、近年、提出不要としている会社も見受けられます。しかし、仮に実弁済が期待できずとも、**労働者に「悪いことをしたらこの人に迷惑をかける」という緊張感を持たせ、行動を律する効果は少なからずあります**。ぜひ提出してもらいましょう。

🔍 初出勤日までに提出させ、できないようなら採用見送りも

　さて、これらの書類はいつまでに提出してもらうべきでしょうか？　私は初出勤日（当日を含め）までを期限とするべきだと考えます。「なぜそこまで厳格にするのですか？」と尋ねられることがありますが、これから働くうえで必要な書類だという自覚があれば必ず準備するでしょう。これができないのであれば真剣に働く気がないと判断して採用を見送るべきです。**最初のルールが守れない人は、以後も守れない人が多いものです。**

入社前の提出書類で最終チェック

□	**入社誓約書**	入社に際して、就業規則の遵守や品位保持など、社員として守らせたい事項を盛り込む
□	個人情報保護に関する誓約書	
□	**身元保証書**	身元保証人による催告および検索の抗弁権放棄のもの 万が一、社員が会社に損害を与えた際に、身元保証人に損害賠償を求めることができるようにしておく
□	給与所得者の扶養控除等（異動）申告書	
□	**競業避止および秘密保持契約書**	退社後に同業他社への転職を一定期間禁止したり、業務上で知りえた秘密を保持することができるようにしておく
□	年金手帳の写し（20歳以上）	
□	雇用保険被保険者証（前職のある者）	
□	住民票記載事項証明書	
□	マイナンバーカード（通知カード）の写し	

すべての書類が絶対的な効力を発揮するとは限りませんが、社員を規律する一定の抑止力になります

⚠ 提出期限は明確に決める！

期限、約束を守れる人間なのかを見極める機会にもなるので、早期に用意させましょう

「就業規則の超プロ」のアドバイス

身元保証人についての規定も定めておきましょう。

17 労働契約を締結する意味を理解してもらう

労働契約は対等な立場で結ぶ

🔍 働くこと＝約束した労働力を提供すること

数年前から建設業界や医療・介護業界などを中心にじわじわと人手不足感が高まりつつありましたが、2017 年度の平均有効求人倍率は 1.6 倍超となり、8 年連続での上昇となりました。リーマンショック後の 2009 年 8 月には 0.42 倍と過去最低を記録したことを思えば、いまや超売り手市場となっています。

これを鑑みれば、経営者として「とにかく誰でもいいから採用しよう」という気持ちになることは理解できますが、その際に少し冷静になることはとても重要です。なぜなら**現状の労働法制は "解雇" に非常に厳しく、誰かれ構わず採用した人が自社にマッチしていないとしても、簡単に「今日で辞めてください」とは言えない**からです。

そんな採用難の事情がある一方、労働者のなかには働くことに意識を向けない人がまれにいるのは事実です。正規労働者であろうとパートタイム労働者であろうと、とにかく「雇用されていれば報酬がもらえる」と考えているのです。しかし、それは大きな間違いです。"働くこと" とは経営者に約束した労働力をきちんと提供することだからです。

🔍 ノーワーク・ノーペイの原則（労働なくして給与なし）とは？

働けない原因が仕事の遂行に起因する病気やケガなら、経営者は全力でサポートしなければなりません。しかし、二日酔いで休んだ分の報酬まで補償する義務はありません。個人的事情で労働力が提供できないならば、対価を得ることはできません。これは「ノーワーク・ノーペイの原則」と呼ばれます。労働者に経営者と "労働力を提供する契約を結んでいるんだ" という認識を持ってもらうため、就業規則にその旨を書き込みましょう。

📍 給与は「約束通りの働き」の対価

労働者 （労働） 対等関係 （給与） **経営者**

約束通りの働きをしない場合……

減給

契約解除

ケースに応じて 契約破棄 も……

「就業規則の超プロ」のアドバイス

働けない場合は「ノーワーク・ノーペイ」となるのが原則です。

18 「外国籍の労働者」を雇う際の注意点

細心の注意を払って雇用する

🔍 在留カードやパスポートでしっかりチェック

　「特定技能」という新しい在留資格が 2019 年 4 月からスタートしました。外国籍の労働者が日本で働くためには、一定の条件を要します。

　弊社は栃木県足利市にあり、群馬県と隣接しています。同県大泉町には日系ブラジル人を中心に多くの外国籍の方が居住しており、地元企業を支える貴重な労働力になっているという地域特性があります。

　外国籍の方を雇用する場合、どんなことに留意すべきでしょうか？ 日本に住む（滞在する）ことと働けることはイコールではありません。さまざまな条件が付されている場合があります。それを確認するには、まず**「在留カード」**で**「在留資格」を確認しましょう**。例えばここに「人文知識・国際業務」とあれば、基本的に通訳や外国語の教師などとしてしか働くことはできません。また「技能実習」となっていれば、特定の技能を習得すべく特定の受け入れ企業に来ていますので、その他の企業で働くことはできません。あわせて「就労制限の有無」欄も確認しましょう。ここが「就労不可」となっていれば、やはり働かせることはできません。なお、語学を学ぶ留学生などは「資格外活動許可」を受けていれば、風営法関連以外の業種のアルバイトをすることはできますが、1 週間に 28 時間までとの上限規制があります。安易に雇用すると、罰則があります。

🔍 知らずに不法就労をほう助すると……

　「働かせられない人」と理解していながら働かせた場合はもちろんですが、**知識がなく知らずに働かせてしまったとしても、不法就労助長罪として懲役 3 年以下の懲役もしくは 300 万円以下の罰金を課せられることがあります**。できればパスポートも見て、ダブルチェックしましょう。

在留カードは必ず確認しましょう

在留カード ……日本に中長期滞在する人に交付されるカード

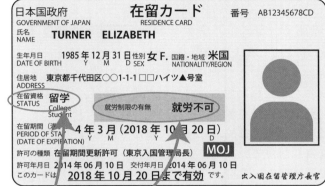

| 日本国政府 GOVERNMENT OF JAPAN | 在留カード RESIDENCE CARD | 番号 AB12345678CD |

氏名 NAME **TURNER ELIZABETH**

生年月日 DATE OF BIRTH 1985 年 12 月 31 日 Y M D 性別 SEX 女 F. 国籍・地域 NATIONALITY/REGION 米国

住居地 ADDRESS 東京都千代田区○○1-1-1 □□ハイツ▲号室

在留資格 STATUS 留学 College Student

就労制限の有無 **就労不可**

在留期間（満 4 年 3 月（2018 年 10 月 20 日） PERIOD OF STAY Y M Y M D (DATE OF EXPIRATION)

MOJ

許可の種類 在留期間更新許可（東京入国管理局長）

許可年月日 2014 年 06 月 10 日　交付年月日 2014 年 06 月 10 日

このカードは 2018 年 10 月 20 日 まで有効 です。　出入国在留管理庁長官

要注意

□ 在留資格の確認
「特定活動」と表示されている場合は、その内容を確認しましょう

□ 就労制限の有無
「就労不可」と表示のある人を働かせることはできません

不法就労となるケース

① 不法滞在者が働く
　例）密入国した人やオーバーステイの人が働く

② 入国管理局から働く許可を受けていないのに働く
　例）観光や知人訪問の目的で入国した人が働く
　例）留学生が許可を受けずにアルバイトをする

③ 入国管理局から認められた範囲を超えて働く
　例）外国料理店のコックとして働くことを認められた人が、機械工場で単純労働者として働く

会社にも‼
3 年以下の懲役
または 300 万円
以下の罰金

「就業規則の超プロ」のアドバイス

「不法就労」させてしまった場合、本人のみならず、会社にも罰則が適用されます。

「高齢者」の採用も
視野に入れましょう

「まだ老け込むのは早い人」がたくさん

🔍 経験豊富で元気な「アクティブシニア」を活用する

人生 100 年時代に突入しつつある現在、少子高齢化社会の進行のもう一方の要因は長寿による高齢者の増加があります。健康志向の高まりや医療技術の進歩などに起因する喜ばしい結果であり、近年は 60 代になっても本当にお元気な方が数多くいらっしゃいます。

彼らは社会的にも仕事的にも経験を積んでおられ、さまざまなキャリアやスキルを身に付けています。この元気な「アクティブシニア」を活用しない手はありません。食品大手メーカーが 60 歳以上を対象とした契約社員募集を行っており、能力に応じて正社員などへの切り替えも検討するという情報も伝わるように、積極的に採用する企業も出てきています。

🔍 貴重なサポート要員としての活躍も期待できる

もちろん、フルタイムの働き方だけでなく、個々人の能力・体力など諸要因に応じて、短時間勤務だったり軽作業だったりと働き方は違ってきます。それらをよく勘案したうえで、例えば出産・育児で休業する社員の代替やサポート、あるいは休日や夜間の仕事の代替なども考えられます。高齢者の積極採用で有名な加藤製作所のホームページには「土曜・日曜は、わしらのウィークデイ。」というキャッチコピーが掲げられています。

🔍 今なら助成金の活用も可能

厚生労働省が用意する助成金の中には、高齢者を雇用することを要件とするものがあります。「特定求職者雇用開発助成金」は、ハローワークの紹介を通じて 60 歳から 65 歳未満の方を雇用した場合、一定条件を満たせば助成金が受けられます。積極的に活用しましょう。

人手不足解消の選択肢として

55歳以上の者の就業状態

※内閣府「令和元年版高齢社会白書」(https://www8.cao.go.jp/kourei/whitepaper/index-w.html) を元にすばる舎編集部が作成

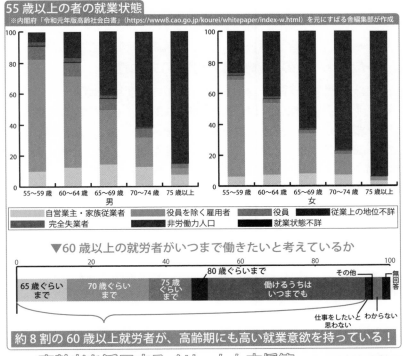

凡例：自営業主・家族従業者／役員を除く雇用者／役員／従業上の地位不詳／完全失業者／非労働力人口／就業状態不詳

男：55〜59歳　60〜64歳　65〜69歳　70〜74歳　75歳以上

女：55〜59歳　60〜64歳　65〜69歳　70〜74歳　75歳以上

▼60歳以上の就労者がいつまで働きたいと考えているか

65歳ぐらいまで／70歳ぐらいまで／75歳ぐらいまで／80歳ぐらいまで／働けるうちはいつまでも／その他／仕事をしたいと思わない／わからない／無回答

約8割の60歳以上就労者が、高齢期にも高い就業意欲を持っている！

高齢者を活用するメリットと支援策

□ 意欲的に働く高齢者の姿勢により、従業員のモチベーションが向上、職場が活性化する

□ 培ってきたノウハウ、技能・技術、人脈を活かすことにより、企業の競争力が向上

□ 勤務時間や賃金など1人ひとりの状況に応じた、フレキシブルな人事管理が可能

① 65歳超雇用推進助成金
　定年引き上げや高齢者の雇用環境の整備をする事業主に助成

② 特定求職者雇用開発助成金
　ハローワークなどを経由して継続して雇用する事業主に助成

「就業規則の超プロ」のアドバイス

やる気ある元気な高齢者を活用することで、会社全体の士気向上につながります。

マイナンバーは
どう管理すべきか?

利用目的を明示しておく

🔍 マイナンバーの基礎知識と今後の方向性

　幾多の紆余曲折を経て、2016年1月から実運用が始まった「マイナンバー」とは、「社会保障、税、災害対策の3分野で、複数の機関に存在する個人の情報が同一人の情報であることを確認するために活用」されるもので、行政の効率化により、国民の利便性を向上させ、公平・公正な社会を実現するための社会基盤になると位置づけられています。

　正式な法律の名称は「行政手続における特定の個人を識別するための番号の利用等に関する法律（略称：番号利用法）」であり、制度導入前にはさまざまなメディアで取り上げられ、またセミナーなども頻繁に開催されて、その概要と管理の重要性が繰り返し説かれていました。現在、税金の申告のほか、社会保険（年金、健康保険、雇用保険など）の各種届出には必ず記載しなければならず、だんだんと浸透してきている状況にあります。2019年5月に健康保険法が改正され、2021年3月からマイナンバーカードが健康保険証として利用できるようになる予定です。

　今後、さまざまな行政サービスがデジタル技術により改革され、利便性の高いデジタルガバメントに向けて進みますが、マイナンバーの漏洩・流出防止の厳重管理は変わりませんので、取扱規程などを整備しましょう。

🔍 マイナンバーに関する4つの安全管理措置

　マイナンバーの安全管理措置については、担当者を明確にし、それ以外の者には取り扱わせない「組織的安全管理」や漏洩防止の「人的安全管理」、重要情報を管理する場所を区分する「物理的安全管理」、アクセス制御やウイルス対策ソフトの導入などの「技術的安全管理」といった4つの措置が求められます。自社にマッチした安全管理措置を講じましょう。

厳重な管理が求められます

2021年3月から（順次）は、保険証としての機能も

安全管理措置

□事業者は、マイナンバー及び特定個人情報の漏洩、滅失または毀損の防止その他の適切な管理のために、必要かつ適切な安全管理措置を講じなければなりません。また、従業者に対する適切な監督を行わなければなりません。

□中小規模事業者に対する特例を設けることにより、実務への影響に配慮しています。

基本方針の策定
取扱規程等の策定

管理体制例

責任者
□□社長

事務取扱　　事務取扱
担当○○係　担当者▲▲

組織的安全管理措置

人的安全管理措置

物理的安全管理措置

技術的安全管理措置

「就業規則の超プロ」のアドバイス

マイナンバーは必要な利用目的以外で利用してはいけませんので注意が必要です。

「試用期間」に関して多い勘違いとは？

「試用期間」と「試みの使用期間」は違います

🔍 解約権留保付労働契約とは？

　労働契約を結び、新しい仲間を迎え入れるにあたり、当人の能力や勤務態度、業務への適性などを見極めるという意味合いで「試用期間」を定めている企業が多くあります。期間としては3カ月程度の設定で、この期間を経た後に賃金や手当の金額を改めて話し合ったり、配置（職種）転換をしたり、場合によっては本採用を行わないというケースもあるでしょう。

　しかし、この「試用期間」の内容について理解不足や誤解されている経営者が非常に多くおられます。特に多いのが「試用期間満了後に本採用しなくても解雇ではない。そのため解雇予告手当も不要である」というものです。これは採用してからの14日間は予告手当無しで解雇できるという、労働基準法21条に規定される「試みの使用期間」と混同されているのだと思われますが、語感は似ていても「試用期間」とはまったくの別物なので注意が必要です。

🔍 気をつけて!! 本採用しない場合は「解雇」です

　たしかに待遇の変更や配置転換などは、当人との話し合いで同意が得られれば変更することは可能ですが、試用期間満了後に労働契約が終了することが明確になっていない場合、この契約は「解約権留保付労働契約」と解されます。解約権とは本採用しないということで、権利の行使は通常の場合よりも広い範囲で認められますが、試用期間の趣旨や目的に照らして客観的に合理的な理由があり、社会通念上相当とされる場合にのみ許されます。つまり本採用しないことは「解雇」なのです。「解雇」はトラブル要因となり、リスクも増します。「とにかく採用して試用期間中に見極め、ダメなら本採用しない」という安易な考え方はやめましょう。

🔍 試用期間の位置づけ

採用試験

内定 →

試用期間
（解約権留保付労働契約）

〈企業側〉
・能力や適性の見極め

〈新入社員側〉
・社風や働きやすさの確認

□試用期間の長さに明確な定めはありませんが、従業員のことを考えれば、長期間に設定するべきではありません（3カ月程度が目安）

□試用期間内では判断に至らなかった場合などでは、試用期間を延長することが可能です

□試用期間中の解雇も、本採用の拒否も、解雇には違いありません。社会通念上相当とされる場合のみ認められます

□試用期間中に研修や指導がなかったにもかかわらず不採用となった場合、トラブルに発展する可能性があるので注意しましょう

研修・指導

本採用　　**不採用（解雇）**

〈解雇事由の例〉
・勤務状況、態度が悪い
・適性、能力がない
・改善の見込みがない…など

「就業規則の超プロ」のアドバイス

試用期間中の不採用でも、客観的に合理的な理由が存在している必要があります。

「教育訓練」を積極的に行うべき理由とは？

ミスマッチが起こったときのために

🔍 自社にマッチした人材を育成する

経営者とお話しする際、「学生を新卒で採用した時は自社で育てようという意識が強いものの、中途採用した人材は即戦力として期待しているので改めて育てるという意識は低い」という話をよく伺います。

たしかに転職者については職務経歴書や面接からその人物のキャリアを確認していることもあり、また人手不足もあって「誰でもいい」という採用もあるかもしれませんが、基本的には「この程度はできるだろう」という想定のもとで採用を決定していることでしょう。

しかし例えば、自社と同じ製造業の大手企業から転職してきた人が、ある機械や工程ではエキスパートとして素晴らしい仕事をするのに、他の機械操作が不得手で、工程の管理もできない……というケースは珍しくありません。**大手企業では単能工で通用しますが、中小企業では多能工としてマルチに対応しなければならない**ことが多く、仕事のギャップとして労使双方ともに思い悩むというケースもあります。これを解決するために中途採用者であっても、教育訓練を施しましょう。必ずしも自社内ですべてを行う必要はなく、**外部の研修機関なども積極的に活用**すべきです。

🔍 公的な助成金を活用する

とはいえ中小企業ではなかなか思うように社員教育を施せないことも多いでしょう。時間的な制約はもちろん、やはり経費負担が重荷になることもあります。そんなときには「助成金」を活用しましょう。新規採用者やパートタイム労働者の転換時に、担当分野について有期実習型の訓練をしたり、すでに採用している正規雇用者に対してスキルアップ訓練を施したりする場合にも活用できる多種多様な助成金が用意されています。

オリジナルの教育訓練を！

| 大手企業からの転職者 | 担当作業が細分化されているため、前職で担当していた作業は得意。でも、他の作業はサッパリ…… |

教育訓練でミスマッチを埋める！
外部の研修機関、助成金も活用しましょう

| 中小企業 | 基本的に人手不足なので、多くの工程を担当する必要がある。「多能工としてマルチに活躍してほしい」 |

【規定例】 教育訓練

1. 会社は、業務に必要な知識、技能を高め、素質の向上を図るため、労働者に対し必要な教育訓練を行う。
2. 労働者は、会社から教育訓練を受講するよう指示された場合、特段の事由がないかぎり教育訓練を受けなければならない。
3. 前項の指示は、教育訓練開始日の○週間前までに該当労働者に対して文書で通知する。

「就業規則の超プロ」のアドバイス

せっかく入社した社員は、
しっかり教育を施して育成しましょう。

23 正社員への転換項目を用意しよう

パートタイム労働法の改正にも注意

🔍 優秀なパート社員や有期契約社員は囲い込むべし

　時折「正社員の定義とは何ですか？」という質問を受けることがあるのですが、実は法律上の定義はありません。雇用契約期間の定めがなく、その企業において制約や制限のないフルタイム労働者のことを指すのが一般的で、具体的には1日の所定労働時間が8時間の会社であれば「1週間に5日間勤務して40時間働く人」となります。

　正社員よりも労働時間が短い方については2020年4月に施行（中小企業の適用は2021年4月）された「短時間労働者及び有期雇用労働者の雇用管理の改善等に関する法律」（略称：パートタイム・有期雇用労働法）において、「1週間の所定労働時間が同一の事業主に雇用される通常の労働者（正社員）の1週間の所定労働時間に比べて短い労働者」と定義されており、パート社員やアルバイト、契約社員など、呼び方は色々あれど、すべて「パートタイム労働者」となり、同法の対象者となります。

　近年はさらに時間が短いながらも正社員と同等の待遇である短時間正社員制度や地域限定正社員など、多様な働き方を用意する企業も増えてきています。**今はフルタイムで働けなくとも、将来の状況次第で多様な正社員として登用できる転換制度などは整備しておきましょう。**

🔍 助成金も上手に活用しよう

　2020年4月現在、いわゆる非正規社員から正社員に転換する際に活用できる「**キャリアアップ助成金**」や、正社員への転換を図る前に自社内外で実技や座学を組み合わせて資質向上を図る研修費用の補助が受けられる「**人材開発支援助成金**」など、多種多様な助成金が用意されています。ぜひ、自社の実情にマッチした助成金を検討して、賢くご活用ください。

メリット多数の正社員転換

【転換項目の規定例】 正規雇用への転換

1. 正社員として雇用される以外の者で、本人が希望する場合は、次の要件及び基準に従って、正規雇用に転換させることがある。

    (1) 正社員と同様の労働時間及び日数で勤務が可能な者
    (2) 上司または同僚からの推薦があること
    (3) 会社が定めた面接試験に合格した者

2. 転換時期は、随時とする。

正社員転換の効用

□ パート、アルバイト社員のモチベーションがアップ。労働意欲が向上する

□ 貴重な戦力を企業として長期的に確保できる

□ 正社員転換時に助成金を活用できる

● 人材開発支援助成金
正社員への転換を図る前に、自社内外で実技や座学を組み合わせて資質向上を図る研修などを実施する事業主への助成金

● キャリアアップ助成金
非正規社員の正社員化、処遇改善の取り組みを実施した事業主への助成金

「就業規則の超プロ」のアドバイス

「パート社員就業規則」などを作成している場合は、そちらに転換項目を入れましょう。

無期転換社員と正社員の違いとは？

賃金などの待遇は同じでOK

🔍 2013年に改正された労働契約法の内容とは

　前項でも触れた契約社員とは、その労働契約の期間に半年や1年など有期の定めがある働き方をする人を指し、有期契約（雇用）労働者と呼称されることもあります。もちろん、有期であればパートタイム労働者やアルバイトなども同じカテゴリーです。この有期雇用に関する事項は「労働契約法」に定めが置かれています。この法律が2013年に改正された際は、契約社員を雇用する経営者に少なからず衝撃を与えました。

　それまで「有期労働契約期間の上限は原則3年」というルールがあったのですが（専門知識や年齢条件等により5年などあり）、それに加えて**「有期労働契約が通算5年を超えて更新された場合には、有期契約労働者からの申込みにより、期間の定めのない労働契約（無期労働契約）に転換される」**という項目が加わりました。

🔍 無期転換社員≠正社員

　これは例えば1年契約を繰り返して更新しているアルバイトが継続して5年を経過した後、本人から「今後は契約期間をなくしてほしい」という申し込みがあった場合、会社はこれを拒むことはできず、結果的に契約期間に定めのない無期労働契約社員が誕生することを意味しています。

　この5年間継続条件のカウント開始は2013年4月からでしたので、2018年4月以降は申し込みできる方が誕生しています。まだ申込者は少ないようですが、これは権利として発生していますので、有期契約労働者を雇用されている企業はルールをしっかりと認識しておきましょう。なお、**無期労働契約社員となっても、これは「期間の定めのない契約社員」ということであり、賃金アップや正社員に転換することではありません。**

無期転換は労働者の権利

無期転換した社員は、正社員ではありません

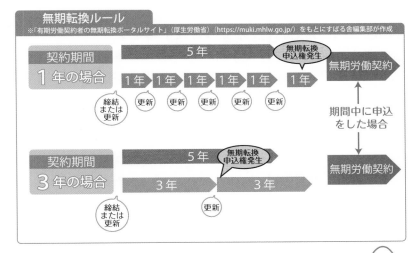

無期転換ルール
※「有期労働契約者の無期転換ポータルサイト」（厚生労働省）（https://muki.mhlw.go.jp/）をもとにすばる舎編集部が作成

正社員

≠

無期転換社員

契約期間の定めがない社員

「就業規則の超プロ」のアドバイス

無期転換社員を「パートナー社員」と呼んでいる会社もあります。

男女雇用機会均等法を理解する

優秀な女性の雇用を維持するために

🔍 「出産・育児」は、働くうえでの障害ではない

　少子高齢化の進行による生産年齢人口の減少に歯止めがかからない状況下において、その対策の1つとして2019年4月より外国人労働者の新たな在留資格である「特定技能」がスタートしましたが、一方で女性労働者の働きやすい労働環境の整備も課題となっています。

　この柱となる法律が「雇用の分野における男女の均等な機会及び待遇の確保等に関する法律」（略称：男女雇用機会均等法）であり、女性労働者について、募集や採用等での差別の禁止、婚姻や妊娠・出産による不利益扱いの禁止などのほか、ハラスメントの対策や母性健康管理措置を事業主に求めることが規定されており、2017年1月には上司や同僚による不利益扱いを未然に防ぐため防止措置義務も盛り込まれました。

　このように法的な規制が強まるというのは、まだまだ男女差別が残っている証左だと思いますが、キャリアやスキルを持った女性労働者は貴重な戦力です。余談ですが、弊社の女性スタッフは全員が本当に優秀な方々であり、その働きに日々感謝している次第です。

　仮に出産や育児の期間を一時的にパートタイムでの契約社員や短時間正社員に雇用形態を変更しても、雇用維持に努めることは新たな人材確保や教育訓練を施す時間を考慮した場合、有効な一手になり得るはずです。

🔍 もちろん男性に対する差別も禁止

　2020年4月（中小企業は1年遅れ）からは同一労働同一賃金が本格的にスタートしました。すでに労働基準法にて男女間での賃金差別も禁止されていますので、もう一度、確認する意味で給与体系を見直しておきましょう。なお、当然ですが男性に対する差別も禁止されています。

男女雇用機会均等法のポイント

男女雇用機会均等法　1985年制定

【目的】……雇用における男女の均等な機会と待遇の確保を図るとともに、女性労働者の就業に関して妊娠中及び出産後の健康の確保を図るための措置の推進

改正男女雇用機会均等法　1999年施行

【主な改定内容】
□採用、昇進、教育訓練等での差別の禁止
□セクシュアル・ハラスメント防止に向けた事業主の雇用管理上の配慮義務など（関連：労働基準法の一部が改正）
□女性の残業、深夜労働、休日労働を制限した女子保護規定が撤廃

改正男女雇用機会均等法　2007年施行

【主な改定内容】
□男女双方に対する差別の禁止
□雇用において、業務の配分、降格、雇用形態・職種の変更などを追加
□間接差別の禁止（募集・採用における身長・体重、妊娠・出産等を理由とする不利益取り扱いの禁止など）
□母性健康管理措置、母性保健措置、妊娠または出産に起因する能率低下等を理由とする解雇その他不利益取り扱いの禁止
□男女労働者を対象とする事業主の雇用管理上の措置を義務化。調停等紛争解決援助の対象とし、是正指導に応じない場合は企業名を公表

「就業規則の超プロ」のアドバイス

女性にとって働きやすい環境を整え、育児休暇を取得しやすい会社にしましょう。

多様な働き方の選択肢を用意しておく

望まない離職を防ぐために

🔍 正社員だけがベストな働き方とは限らない

事業内容にもよりますが、就業規則を作成する義務のある企業規模（常時 10 人以上の労働者を使用）であれば、すべてを正社員という形態で雇用していることは少ないのではないでしょうか。作業や接客、あるいは事務の一部などの業務をパートタイム労働者に担わせていることも多いでしょう。これは経営上当然のことで、定型業務などを正社員ではなく、パートタイム労働者に担わせることは費用対効果の面からも優れています。

一方、パートタイム労働者の側から見た場合、例えば子育ての合間の時間帯で働きたいという女性などにもメリットがあり、労使ともにウィンウィンの関係にあるといえるでしょう。

しかし少子高齢化の進行に伴って、高齢化した両親の介護などで仕事との両立が困難となり、特に 40 〜 50 代の働き盛りの中間管理職などが、本人の望まない形で離職に至るケースがますます増加するという予想もあります。

🔍 多様な働き方や一時的な身分変更は労使双方に有効な手段

スキルを持った労働者が自らの意思ではなく離職を余儀なくされるのは、会社にとっても、本人にとっても "非常にもったいない" ことです。

これを防ぐための有効な方策が、多様な働き方の用意と一時的な身分変更です。例えば 1 日の労働時間を短縮した短時間正社員制度を導入すれば介護施設への送迎時間などを確保することが可能となります。これは子育て中の労働者にも同様に適用でき、一時的な身分変更で給与や賞与が労働時間に比例して減ったとしても、介護や育児が終わった段階で元の労働形態に戻せば本人の不利益は軽減されますし、キャリアも継続できます。

📍 「短時間正社員」などの選択肢を

育児や介護でフルタイム勤務が難しい社員のために、パートタイムでの労働や、一時的に「短時間正社員」などの身分で働いてもらうことも選択肢として用意しておきましょう！

> まだこの会社で働きたいけど、
> 介護で忙しいし退職するしかないか……

双方にとって望まぬ離職を防ぐ！ → □ 多様な労働形態の整備
□ 一時的な身分変更

フルタイムで働けるようになったら、また正社員に

【規定例】 一時的な身分変更

1. 会社は、労働者の健康及び安全衛生に配慮して、本人と協議の上、一時的に期間を定めて労働条件を変更することがある。
2. 前項による労働条件の変更があった場合、職務及び労働時間等に応じた賃金に変更することがある。

「就業規則の超プロ」のアドバイス

家庭事情を汲んだ「身分変更」は、社員を守る手段としてぜひ用意しておきましょう。

27 「同一労働同一賃金」についての考え方

同じ仕事には同じ対価が基本

🔍 非正規雇用労働者のモチベーションアップに有効な法改正

2018年に成立した働き方改革関連法案の中で注目を集めたものの1つが、短時間労働者の処遇を定めた法律に、有期雇用労働者も加えて改正・改称された「パートタイム・有期雇用労働法」でした。

この法律は同一企業・団体におけるいわゆる正規雇用労働者（無期雇用フルタイム労働者）と非正規雇用労働者（有期雇用労働者、パートタイム労働者、派遣労働者）の間の**不合理な待遇差の解消**を目指すものです。具体的には、基本給、昇給、ボーナス（賞与）、各種手当、退職金といった賃金をはじめ、教育訓練や福利厚生等の格差を禁止する内容です。

ただし、「何から何まですべて同じにしなくてはならない」というわけではありません。例えば**職務内容や責任の程度に応じて、合理的な説明ができるものであれば、違いがあってもいい**ことになっています（これについては、70ページのコラムで実際の判例を紹介します）。

これにより、非正規雇用労働者にとっては、直接的な収入アップが期待できるほか、社員教育なども受けられることでスキルアップが図れるようになり、福利厚生施設なども利用できるようになります。

🔍 人件費増加と人手不足への対応も検討しましょう

一方、企業にとっては非正規雇用労働者のモチベーションアップによる生産性向上などが期待できるものの、人件費の増加は避けられないでしょう。また時間単価がアップすることで、扶養の範囲内での労働を希望する人の労働時間が減るという事態も考えられますので、人手不足が加速する可能性もあります。省力化システムやITの導入促進など、効率化向上につながる取り組みを検討しましょう。

2021年4月から適用されます！

> 合理的な理由が説明できない
> 手当の差は設定しない!!
> （手当の支給に際して、
> 差別的な扱いをしない）

 正社員　　合理的な差？　　**非正規社員**

正社員	合理的な差？	非正規社員
通勤手当	✕	通勤手当なし
皆勤手当	✕	皆勤手当なし
住宅手当	〇	住宅手当なし

通勤手当　通勤に要する交通費は、労働契約の形態によって変わるものではない

住宅手当　正社員には転勤の可能性がある

 「就業規則の超プロ」のアドバイス

手当などに差がある場合、合理的な理由があるのかをしっかり見極めましょう。

COLUMN
コラム

同一労働同一賃金を整備・実現するうえで参考にしたい判決

2018年6月、注目されていた最高裁判決が2つ出されました。㈱ハマキョウレックスと長澤運輸㈱という運送業における正社員と有期契約労働者との間の賃金格差が争点となった裁判です。この裁判では労働契約法20条に書かれている「有期雇用と無期雇用とで労働条件に差をつける場合、それが不合理と認められるようなものではならない」（要約）という内容について、その待遇格差がどこまで認められるのかが争われました。

詳細は割愛しますが、概要として精勤・皆勤手当や無事故手当、通勤手当などは不合理な差別であると判断されました。例えば通勤手当は「通勤に要する交通費を補填する趣旨で支給されるもので労働契約に期間の定めがあるか否かによって通勤に要する費用が異なるものではない」という判断でした。一方、住宅手当は正社員には転勤が予定されているという事情が勘案され、差別にあたるとは認定されませんでした（「パートタイム・有期雇用労働法」の施行により、今後これらの判断が変わる可能性はあります）。

この判例を参考とすれば、諸手当の構成を考える際には、①どんな性質で何に対して支給されるのか、②正社員と契約社員に等しく及ぶ性質なのか否か……を検討して、差異がなければ等しく支給する（均等待遇）、合理的に差異の理由が説明できるようであれば、そのまま支給する（均衡待遇）べきでしょう。支給格差があること自体が違法ではないのです。また、先代の経営者が設定した説明のつかない手当がそのままになっているようなケースもありますので、これを契機に見直しをしてみましょう。

Chapter **4**

服務規律のポイント

ハラスメント行為、不正行為の横行や、情報漏洩などを未然
に防ぐために、禁止規定や通報規定を設けておきましょう。
副業・兼業も、許可するしないにかかわらず規定が必要です。

28 社員として守らせたい 服務規程を考える

就業規則はオールマイティー

🔍 社員育成マニュアルとして考えるべき項目

　縁あって自社で働いてくれている労働者について、「鵜の目鷹の目で欠点を見つけるようなことはしたくない」とおっしゃる経営者がいます。それは至極真っ当であり、傾聴に値するご意見だと思います。しかし、ルールを置かないと何が良くて何が悪いのか判断ができません。これまでお伝えしたように「就業規則」は禁止事項を盛り込んだルールブックという捉え方をされることも多いのですが、実は「こういう手順を踏んでほしい」という社内マニュアル的な内容を書き込むこともできるのです。

　例えば「書類の決裁における手順」や「管理職が部下に接する際の心得」、2018年に厚生労働省の就業規則例が書き換えられたことで話題となった「副業・兼業についての許可願い方法」など、改めて別の規定を作成せずとも、就業規則の一部として組み入れることで、簡易的な社員育成マニュアルとして活用することも可能です。

🔍 会社運営の防衛ラインとして考えるべき項目

　もちろん、「会社としてこれをされては困ります」という行為を禁止事項として書き込むことは必須です。この際、社員が正しく内容を理解できる表現になっているかはとても重要です。何が禁止なのか？　どこまでが許容範囲なのか？　ルールを破ったらどうなるのか？　など、すべての社員が等しく判断を迷わないよう明確にすべきです。例えば、前述したように、「公序良俗に反しないこと」というアバウトな規定では、一体何が禁止されているのか明確にイメージできません。　この場合は「違法薬物を取引しないこと」など、具体例を盛り込むべきです。加えて包括的にカバーする規定として末尾などに加えておくのはよいでしょう。

社内マニュアルとしても活用する

【規定例】 服務心得（管理職）

①管理職は、部下を公平、適切かつ冷静に助言または指導を行い、部下の勤務意欲および職務能力の向上に努めること。

②管理職は、部下の業務状況、勤務態度および技能等に常に意識を傾け、部下を正しく評価できるようにし、適宜取締役に報告すること。

③管理職は、部下がスムーズに業務ができるようにしっかりと準備をして打合せや業務指示を行い、担当職場全体の業務が円滑かつ効率的に遂行されるように尽力すること。

禁止事項はわかりやすい表現で

第○条　服務心得

～

⑩社員は公序良俗に反する行為をしてはいけない

　　　　→ (例)⑩違法薬物の取引をしてはいけない

求める人材像 求める成長	→	とってほしい行動 とってほしくない行動	→	服務規定の内容を決める

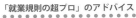

 「就業規則の超プロ」のアドバイス

禁止したい事柄については、個別具体的でわかりやすい表現にしましょう。

さまざまなハラスメントの禁止規定

知らなかったでは済まされない

🔍 「セクシュアルハラスメント」と「パワーハラスメント」

「○○ハラスメント」という言葉をよく耳にするようになって久しいですが、その定義とは一体どういったものでしょうか？

細かな言葉の違いはありますが、一般的には「行為者であるその人自身が意図しているか否かにかかわらず、相手の人に不快感を与えたり、あるいはその人の尊厳や人格を傷つけること」ということになります。

職場で多く発生するハラスメントの代表格の1つが「**セクシュアルハラスメント**」です。これは性的な冗談・からかい、食事やデートへの執拗な勧誘、身体への不必要な接触などの行為が該当します。これを防止するため男女雇用機会均等法が改正され、**経営者が就業規則等に禁止規定を盛り込んで周知することや、相談窓口の設置などが義務付けられています。**

もう1つの代表例が「**パワーハラスメント**」であり、職務上の地位や人間関係などの職場内の優位性を背景に業務の適正な範囲を超えて、精神的・身体的苦痛を与えることで職場環境を悪化させる行為が該当します。これは性別を問わず、同性間でも部下から上司に対する行為でも同様です。

🔍 ハラスメントにも色々

前述以外にも、妊娠・出産に関する「マタニティーハラスメント」や年齢や加齢に関する「**エイジハラスメント**」、言葉や態度で相手を傷付ける「**モラルハラスメント**」など、ハラスメント行為は多種多様です。

「知らなかった」では済まされないこともももちろんありますが、すべてに萎縮する必要はありません。仮に本人が不満に感じたとしても、**必要な指示や注意・指導を行うことは業務上の適正な範囲内であればパワーハラスメントには該当しません。**

ハラスメントのない職場へ

職場におけるパワーハラスメントとは

職場のパワーハラスメントとは、同じ職場で働く者に対して、職務上の地位や人間関係などの職場内での優位性を背景に、業務の適正な範囲を超えて、精神的・肉体的苦痛を与えるまたは職場環境を悪化させる行為をいいます。

▼法律上での直接的な禁止規定はないものの、下記の各法律が適用される▼

刑法	民法	労働基準法
第204条「傷害」 第208条「暴行」 第230条 　　「名誉毀損」	第415条「債務不履行による損害賠償」 第709条「不法行為による損害賠償」 第710条「財産以外の損害の賠償」 第715条「使用者等の責任」 第723条「共同不法行為者の責任」	第75条 労働者が業務上負傷し、または疾病にかかった場合においては、使用者はその費用で必要な療養を行い、または必要な療養の費用を負担しなければならない

【規定例】 ハラスメントの禁止

1. 以下のハラスメント行為によって、他の労働者の就業環境を害するようなことをしてはいけない。
   ①職務上の地位や職場内の優越的な関係を背景とした、業務上必要かつ相当な範囲を超えた言動（パワーハラスメント）
   ②性的言動（セクシュアルハラスメント）
   ③性的指向・性自認に関する言動（ジェンダーハラスメント）
   ④妊娠・出産等に関する言動および制度の利用に関する言動（マタニティハラスメント）
   ⑤その他、他の労働者の就業環境を害する言動
2. ハラスメントに関する相談は、○○部を窓口とする。相談窓口の担当者は、相談者のプライバシーに十分配慮するものとする。

「就業規則の超プロ」のアドバイス

ハラスメント行為の防止は、企業内の秩序維持のためにも必要です。

「情報管理体制」を構築することの重要性

労務管理上、必須な書類とは？

🔍 法定されている情報管理と法定帳簿

労務管理を行ううえでの必須な情報として、①労働者名簿（氏名や生年月日、職務内容や入退社情報など）、②賃金台帳（賃金の計算期間や手当、残業時間など）、③出勤簿（タイムレコーダーの記録や残業命令簿など）、④労働条件通知書、⑤各種の労使協定、⑥健康診断の結果などがありますが、これらはすべて法律に規定があり、整備することが求められています。特に①〜③は法定3帳簿と呼ばれる非常に重要な書類となりますので、しっかり完備しましょう。

また、2019年から取得が義務化された有給休暇についても、管理簿の作成が義務化されました。

🔍 一元管理と分散管理

企業経営においては、前述の労務管理情報のほか、製品や技術・材料情報、仕入れ先や販路、売上管理や代金回収、資金管理、顧客のデータ管理など、さまざまな情報について、日々、収集・分析・管理を行っていることと思います。次項で詳しく解説しますが、左記のうち「秘密として管理されている生産方法、販売方法その他事業活動に有用な技術上又は営業上の情報であって公然と知られていない」情報は「営業秘密」として不正競争防止法で保護されています。仮に社員などが外部に漏洩させた場合、企業として法的手段を取ることが想定されますが、まずは事前対策として文書や機密情報管理規定を整備し、労働者と秘密保持契約を結ぶなどの漏洩防止に努めましょう。

その際には、何を守るべき情報に指定するのか、当該情報にアクセスできる権限者の範囲をどう設定するのかなどよく検討して決めましょう。

法定3帳簿の概要

法定3帳簿の要件

帳簿の名称	記載事項
労働者名簿 （第107条）	①労働者氏名　②生年月日　③履歴　④性別 ⑤住所　⑥従事する業務の種類　⑧雇入年月日 ⑨退職や死亡年月日、その理由や原因
賃金台帳 （第108条）	①労働者氏名　②性別　③賃金の計算期間 ④労働日数　⑤労働時間数　⑥時間外労働時間数 ⑦深夜労働時間数　⑧休日労働時間数 ⑨基本給や手当等の種類と額　⑩控除項目と額
出勤簿等 （第108条関係）	①出勤簿やタイムレコーダー等の記録 ②使用者が自ら始業・終業時刻を記録した書類 ③残業命令書及びその報告書 ④労働者が記録した労働時間報告書　……等

①機密情報管理規定の作成・整備
②バインダーや文書の表紙に㊙表示をする
③施錠できるキャビネット等での保管・管理
④ファイルパスワードの設定
⑤労働者との秘密保持契約の締結
　　などの管理体制を確立する

不正競争防止法で
保護されます!!

秘密管理制

営業秘密

有用性　　非公知性

「就業規則の超プロ」のアドバイス

保護すべき情報は何なのかを、十分検討して選定しておきましょう。

31 「企業秘密」を防御する体制を構築する

「就業規則」「契約書」「誓約書」で抑止する

秘密保持契約書はいつ作成すべきか

　自社が商品や製品、ソフトウェアなどの開発や製造業でなくとも、小売販売業における顧客情報、飲食業のレシピ、サービス業における接客マニュアルなど、企業内には実にさまざまな情報やノウハウが氾濫しています。

　これらのうち「秘密として管理されている生産方法、販売方法、その他の事業活動に有用な技術上又は営業上の情報であって、公然と知られていないもの」に該当し、①秘密管理性、②有用性、③非公知性の３要素がすべて満たされている場合は「企業秘密」に該当し、不正競争防止法にて保護されます。親告罪ではありますが違反者には罰則が科せられます。

　ここまでの秘密ではなくても、自社情報として流出しては困るものがある場合には、社員に対して秘密保持の義務を課すため就業規則にその事項を書き込むことはもちろん、あわせて本人との間で秘密保持契約を締結して、契約書を提出してもらうことが多くあります。その際、退職時に契約書を交わすケースも散見されますが、退職事由によっては契約を拒まれる場合もありますので、まずは入社時に契約しておき、さらに内容に修正があった場合には重ねて退職時に契約し直すようにしましょう。

競業避止義務の誓約書も提出してもらいましょう

　なお、退職時に契約を求めるケースでは、あわせて自社と競合する会社を営んだり、競合する他社への就職を禁止するなどの「競業避止義務の誓約書」を求めることもあります。これは判例で経営者側の勝訴も敗訴も両方あり、ケースバイケースのために一概に有効か無効か断言はできません。職業選択の自由との兼ね合いもありますが、一定の抑止的効果は見込めますので、作成しておくことを考えてもよいでしょう。

情報漏洩を未然に防ぐために

「企業秘密」に該当する情報は、不正競争防止法により保護される

企業秘密

3要素がすべて満たされている場合、企業秘密に該当

① 秘密管理性……社内で秘密として管理されている情報である

② 有用性…………生産方法、販売方法、その他の事業活動等に有用な技術上または営業上の情報である

③ 非公知性………公然と知られていない情報である

＋

企業秘密に該当しなくても、自社情報として流出すると困るもの

入社時 ▼

 情報漏洩を防ぐために

退職時 ▼

秘密保持契約書

就業規則に規定

競業避止義務の誓約書
絶対的ではないが、
一定の抑止効果

【規定例】 秘密保持

1. 労働者は、会社および取引先に関する情報の管理に十分注意し、業務に無関係の情報を不当に取得してはならない。

2. 労働者は、退職する際に自らが管理していた会社および取引先に関するデータ・情報書類等を最終出勤日までに返却しなければならない。

 「就業規則の超プロ」のアドバイス

全トラブルを防げるとは限りませんが、予防措置として講じておくべきです。

32 中小企業でも検討すべき「公益通報者保護制度」

通報者に対して不利益な扱いをしてはいけません

🔍 経営者が気づけない違法・不正行為は「公益通報」でキャッチ

　極めて残念なことですが、企業の規模を問わず、製品データの改ざんやリコール隠し、産地偽装などのニュースが巷間を賑わすことがあります。経営者自身が行っていたのであれば経営責任や社会的責任が厳しく問われるのは当然です。しかし、仮に一部の労働者などが行っていた場合であっても、一定の責任からは逃れることができません。では、経営者として気づけない違法・不正行為をキャッチする方法はないのでしょうか？

　この対策として有効なのが「**公益通報者保護制度**」です。以前は「内部告発」などと呼ばれていましたが、2006年4月に「公益通報者保護法」が施行されてから、「公益通報」（「内部通報」は通称）という言葉が使われるようになりました。

　ここでいう「公益通報」とは、アルバイトなどを含む「労働者」が、「特定の法律に違反する犯罪行為など」（470本の法律に規定される犯罪行為／2019年9月時点）について、「企業の内部」や「行政機関」、または「報道機関や消費者団体」などに対して行うといった一定の要件を満たす通報のことであり、通報者は法的に保護されます。

🔍 実効性を持たせるためには外部窓口の設置も検討すべし

　通報者保護の具体的内容としては、降給や減給などの給与上の差別、退職の強要、降格や閑職への異動、訓告や自宅待機命令、退職金の減額などの取り扱いが禁止されます。

　これらの規定整備はもちろん、通報しやすい体制として、外部の法律関係事務所を通報の窓口にすることも検討してみましょう。

経営者が気づけない不正を捕らえる

── 公益通報者保護制度 ──

一定の要件を満たす通報の場合、
通報者は法的に保護される

対象法律
470本

 禁止
・降給や減給などの給与上の差別
・退職の強要
・降格や閑職への異動
・訓告や自宅待機命令
・退職金の減額

通報しやすい体制を

☐規定の整備
☐法律関係事務所など、
　外部の通報窓口を設置する

【規定例】　公益通報・通報者の保護

1. 労働者が、業務に関連した組織的または個人的な法令違反や、会社もしくは公共の不利益となる行為または情報を発見した場合、直ちにそれを会社あるいは会社の定めるところに通報しなければならない。
2. 会社は、労働者が第1項に基づいて通報または相談をしたことを理由にその労働者を不利益に取り扱ってはいけない。また、会社はその労働者が通報または相談をしたことについて、内容も含め一切の秘密としてこれを厳守しなければならない。

「就業規則の超プロ」のアドバイス

 **外部者への通報手段も用意しておくと、
実効性の向上が期待できます。**

33 副業・兼業については どう考えるか？

副業・兼業解禁のメリットとデメリット

🔍 副業・兼業を禁止・制限するか規定しておく

2018年1月、注目を集めていた厚生労働省のモデル就業規則が改定され、労働者の遵守事項のなかの「許可なく他の会社等の業務に従事しないこと」という規定が排除され、代わりに「副業・兼業」についての規定が盛り込まれました。

この件については、経営者のみならず、労働者の方々からも「今後は他社でアルバイトをしてもいいんですね」という質問を多く受けましたが、モデル就業規則が変更されたとしても、それを自社の規則としてそのまま採用するかどうかは各社の判断によります。

なお「副業」と「兼業」という言葉について、法律上の定義はありませんが、「副業」については労働者自身が事業主となって行う業務（例えば自身が作成したアクセサリーをネット上で販売すること等）、「兼業」は本業以外の企業等で労働契約を交わして働くこと（労働力の提供）と定義付けし、それぞれ認めるか認めないかを判断して決定すべきです。

🔍 企業としてのメリットと労務管理上の留意点

私の経験上、多くの企業の就業規則には「副業・兼業」の禁止規定が盛り込まれています。これは「会社の秩序に影響を与える副業競合や他社で働くことは会社の利益と相反してしまう恐れがある」という判例の影響もあるかと思われます。このほか秘密保持の確立や職務に専念する体制づくり、そして何よりも労働者の健康管理にも留意すべきです。

しかし、労働者が自社だけでは成しえないスキルアップや人脈の拡大、経営者的な視点を持つことなど、企業側にも一定のメリットはあります。人材流出防止にもつながりますので、慎重を期しつつ検討しましょう。

副業・兼業のメリット・デメリット

副業・兼業を解禁すると……?

メリット	デメリット
□労働者が自社だけでは成しえない成長を遂げる □労働者が人脈を拡大させる □労働者が経営者的な視点を持つことができる □人材流出を防止できる	□副業先によっては、会社の利益と相反する恐れがある □秘密保持の確立に影響する □職務に専念できない □労働者の健康管理に支障をきたす

【規定例】 副業・兼業など

1. 労働者は原則として、勤務時間外に他の会社等の業務に従事することができるが、この場合は事前に会社に申請しなければならない。
2. 第1項に基づいて労働者が副業・兼業を行うことにより、次のいずれかに該当する場合、会社はこれを禁止または一定の範囲で制限することができる。
   ①労働者の健康状態が悪化する場合
   ②業務の遂行に支障が出る場合
   ③会社の信用を損なう行為がある場合
   ④企業秘密が漏洩する場合
   ⑤会社の利益を害する場合

 「就業規則の超プロ」のアドバイス

社員のスキルアップにつながることもあるので、柔軟に慎重に対応しましょう。

勤怠管理の重要性

　　労務管理を行う上で重要になる労働時間の正しい把握ですが、これが案外難しいものなのです。

　　例えば、18時終業に設定されている会社で、ある人の退勤時間が18時16分となっていた場合、定時である18時を超えた部分は果たして労働時間となるのでしょうか？　私用で携帯電話を利用していたのか、それとも経営者から命令を受けて作業を継続していたのかによって、答えが違ってくるからです。

　タイムカードの打刻時間は「確かにその時間帯に会社にいましたよ」という記録であり、労働時間とカウントするのか否かは状況によって変わります。超過勤務（残業）は労働者本人の意思や都合で決まるのではなく、使用者の指揮命令下で働いていたのかどうかが重要なのです。したがって、直属の上司である管理監督者が必要な場合にあらかじめ残業命令を下すのが理想の姿です。しかし、現実的には労働者からの事前承認申請を受けて、これを認めるという形式で残業命令を出すというのが多いかと思われます。その際には労使ともに残業時間を確認し、後日トラブルにならないように、きちんと残業申請書を作成して整備しておきましょう。明確な残業命令を出さずに黙示的に残業をさせていた場合でも、残業時間として認定されることがあります。

　また、労働者の私的な理由による遅刻や早退、欠勤が生じた場合、その分の賃金を控除するのか否かを賃金規程で事前に決めておかないと場当たり的な対応になりがちです。やはり労務管理上のトラブル要因となりますので、ノーワーク・ノーペイの原則とするのか、事由によっては温情的な取り扱いをするのか、よく検討して自社にあった選択をしましょう。

Chapter **5**

労働時間・
休日・休暇の
ポイント

フレックスタイム制の拡充や、有給取得義務など、働き方改革への対応は急務です。勤務時間や休憩時間についても、さまざまな取り決めが必要なので、正しい認識を持ちましょう。

34 実際の「労働時間」を設定する

拘束されていれば概ね労働時間に含まれる

🔍 規則上の労働時間と実際の労働時間は合っていますか？

　顧問契約をさせていただく前段階で、社内ルールなどを確認している際に「当社は7時50分から朝礼をやっているんだよね」などといった説明を受けることがあります。そこで「御社の就業規則では、始業は何時からなのですか？」とお尋ねすると「規則上は8時からです」と予想していた回答をいただくことがあります。

　厚生労働省が2017年1月に策定した「労働時間の適正な把握のために使用者が講ずべき措置に関するガイドライン」によれば、**労働時間とは「使用者の指揮命令下に置かれている時間のこと」であり、使用者の明示的・黙示的な指示により労働者が業務を行う時間も該当します**。就業規則や労働契約の定めによって決められるものでなく、客観的に見て労働者の行為が使用者から義務付けられたものといえるか否か等によって判断されますとも書かれていますが、わざわざ実態と相違することを書き記す意味はありませんので、自社としての本当の労働時間を定めて記しましょう。

🔍 着替えや清掃の時間も労働時間としてカウント

　朝礼以外であっても、例えば**①業務に必要な準備行為（着用が義務づけられた服装への着替え等）や業務終了後の業務に関連する後始末（清掃等）を事業場内において行った時間、②使用者の指示があった場合には即時に業務に従事することを求められており、労働から離れることが保障されていない状態で待機等している時間**（いわゆる**「手待時間」**）、**③参加することが業務上義務づけられている研修・教育訓練の受講や使用者の指示により業務に必要な学習等を行っていた時間も労働時間としてカウントされます**ので、実態としてどうなっているのか、再度、確認しましょう。

着替えも朝礼も労働時間です

着替え、
準備など

始業時間　9:00

昼休憩　12:30

終業時間　18:00

掃除、片付け
着替えなど

研修・教育訓練、業務に必要な学習

義務づけられた着替えや研修、指示された清掃、指示による学習を行う時間は、労働時間にカウントする必要がある

電話当番などで拘束してはならない

「就業規則の超プロ」のアドバイス

実際の労働時間が正しく設定されているのか、きちんと確認しましょう。

「変形労働時間制」で残業代を抑制する

閑散期と繁忙期の労働時間を調整する

🔍 「変形労働時間制」とはどんな制度なのか

企業業務の性質上、月末・月初や特定の期間(例えば2月から4月など)が繁忙期にあたる場合、あるいは逆に閑散期などが明確であり、業務量にばらつきがある場合には、その繁閑期間の労働時間を調整できる仕組みが用意されています。これを「変形労働時間制」といいます。

なぜ、このような制度があるのか? それは端的にいえば「残業代を抑制するため」です。現在の労働時間は原則として1週間に40時間まで(特例を除く)、1日につき8時間までという上限があります。これを超えた分は「時間外労働」となり、ペナルティとして賃金を割り増しで支払うことが求められます。

もちろん、忙しいときに長く働いてもらった分を割り増しすることは、多くの経営者が納得しているはずです。その一方、閑散期が明確な場合「この分の労働時間を忙しい時期に移せたら……」と考えることは極めて自然な経営上の考え方でしょう。このようなリクエストに応えてくれる制度が「変形労働時間制」なのです。

🔍 1年、1カ月、1週間、期間に応じて適用可能

この制度には、その適用させる期間の長さに応じて、いくつかの種類があります。製造業などで計画的な生産が行われる際に使われることが多いのが1年間を単位とした「**1年単位変形**」、また月末や月初が忙しいなら「**1カ月単位変形**」、週末が忙しいなら「**1週間単位の非定型的変形**」、労働者自身が1日の労働時間を決められる「**フレックスタイム制**」などがあります。なお、フレックスタイム制はこれまで清算期間の上限が1カ月でしたが、働き方改革により3カ月まで拡大され、利用しやすくなりました。

変形労働時間制のポイント

自社にマッチした労働時間制を選択しましょう

	1カ月単位の変形労働時間制	1年単位の変形労働時間制	1週間単位の非定型的変形労働時間制	フレックスタイム制
締結の方法	労使協定＋就業規則	労使協定	労使協定	労使協定＋就業規則
週平均労働時間	法定労働時間	40時間	40時間	法定労働時間
労使協定の届出	必要	必要	必要	不要
労働時間の上限	—	1日10時間 1週52時間	1日10時間	—

1年単位の変形労働時間制の例

10時間勤務	通常勤務	5時間勤務	通常勤務
4〜7月	8〜9月	10〜12月	1〜3月

1年以内の期間を平均して、1週間あたりの労働時間が40時間を超えないようにする

【規定例】 1カ月単位の変形労働時間制

1. 1週間の所定労働時間は、令和○年○月○日を起算日として、2週間ごとに平均して、1週間当たり40時間とする。
2. 1日の所定労働時間は、7時間15分とする。
3. 始業・終業の時刻及び休憩時間は、次のとおりとする。ただし、業務の都合その他やむを得ない事情により、これらを繰り上げ、または繰り下げることがある。この場合において業務の都合によるときは、前日までに通知する。

 「就業規則の超プロ」のアドバイス

繁閑期間がはっきりしている業態では活用を検討しましょう。

36 専門職に多い「みなし労働時間制」とは？

企業側の適切な労働時間管理が必須

🔍 「労働者の裁量による労働制」と「事業場外みなし労働時間制」

2018年6月に「働き方改革関連法案」が成立しましたが、当初、主要制度の1つとして「裁量労働制」が検討されていました。これは「みなし労働時間制」という大きなグループに属する形態の1つのことです。この「みなし労働時間制」とは、労働時間の算定が困難な業務、また業務の遂行方法などを労働者自身の裁量に委ねる必要のある業務について、事前に取り決めした労働時間分を働いたものと"みなす"という制度であり、さまざまな条件が付されている特殊な働き方です。

「裁量労働制」には、研究開発やソフトウェア開発、弁護士、税理士などの専門分野で働く「専門業務型」と、企業の本社などにおいて企画、立案、調査などの部門で働く「企画業務型」の2種類があります。業種や業務を縛り、かつ労使協定を結ぶことなどで一定の制約を課していますが、実態として企業側の労働時間管理が疎かになり、長時間労働の温床になりかねない側面もあります。

また、1日の大半を社外で働く労働時間の算定が困難な業務について、所定労働時間を働いたものとみなす制度（事業場外みなし労働時間制度）もありますが、以前と違って今は携帯電話などで使用者が指示監督できることから、現在、ほとんど採用されていないのが実情だと思われます。

🔍 みなし労働時間制における残業代

労働者の裁量にまかせる労働時間制ではありますが、みなした労働時間が所定あるいは法定労働時間を超過している場合は、その部分についての残業手当の支払いが発生します。深夜（22時〜5時）に労働した場合には、当然ながら深夜割増が適用されます。

対象となる業務は限られています

企画業務型裁量労働制導入の流れ

①前提として、対象業務が存在する事業所であること

②労使委員会を組織する
□準備について労使で話し合う
□労使委員会の委員を選ぶ
□運営のルールを定める

③企画業務型裁量労働制の実施のために労使委員会で決議を行う

④対象となる労働者の同意を得る

⑤③の決議に従い企画業務型裁量労働制を実施する

⑥決議の有効期間（3年以内とすることが望ましい）の満了（継続する場合③へ）

所轄の
労働基準
監督署へ

すみやかに
届出

定期的に
報告

専門業務型裁量労働制の対象業務

□新商品または新技術の研究開発等
□情報処理システムの分析または設計
□記事の取材または編集
□デザイナー
□プロデューサーまたはディレクター
□コピーライター
□システムコンサルタント
□インテリアコーディネーター
□ゲーム用ソフトウェアの創作
□証券アナリスト

□金融工学等の知識を用いて行う金融商品の開発
□大学教授・研究
□公認会計士
□弁護士
□建築士
□不動産鑑定士
□弁理士
□税理士
□中小企業診断士

「就業規則の超プロ」のアドバイス

「企画業務型」の導入は、「専門業務型」に比べ手続きが複雑なので注意しましょう。

37 使い方次第で利便性の高いフレックスタイム制

最低限の縛りは必要です

🔍「コアタイム」と「フレキシブルタイム」の設定方法

　変形労働時間制度の１つとして、労働者自身が始業・終業時刻や労働時間を決められる「フレックスタイム制」があります。

　この制度を採用する際によく検討しておくべきなのが、労働日に必ず勤務しなくてはならない時間帯である「コアタイム」と、いつ出社・退社してもいい時間帯である「フレキシブルタイム」の設定です。

　このうち「コアタイム」を設定していない会社もあるでしょう。ただ、何時に出社するかわからない状況では、顧客対応や社内協議がスムーズにできない可能性が高まります。基本的には設定するほうがよいでしょう。また「フレキシブルタイム」についても、"24時間いつでも労働可能"とした場合、働くうえでの自由度は相当に高そうですが、防犯やコスト管理上だけでなく、社員の健康管理という面からあまりおすすめできません。時差出勤などは考慮しつつも、例えば６時から22時までといったように一定の枠を設定するべきでしょう。

　なお、会社全体でなくても部門単位や個人単位でも適用可能なので、介護や子育て中の社員などに適用すれば、雇用の維持にもつなげられます。

🔍 法改正により使いやすくなりました

　88ページでも触れましたが、「フレックスタイム制」は清算期間と呼ばれる労働時間の設定をする期間の上限が、働き方改革によって３カ月までに拡大されました。複数月にわたって労働時間の調整が可能となったことから、１年間のうち繁忙月が決まっている業種はもちろん、夏休み期間中は短時間働きたい子育て中の労働者なども使いやすくなったので、今後、さらに採用する企業が増加するものと思われます。

フレックスタイム制の導入例

設定例

会社の所定労働時間

| 6:00 | 9:00 | 10:00 | 12:00 | 13:00 | 15:00 | 17:00 | 22:00 |

| フレキシブルタイム | コアタイム | 休憩 | コアタイム | フレキシブルタイム |

▲ 労働しなければならない時間帯 ▲

選択により労働することができる時間帯

【規定例】 フレックスタイム制

○○部に所属する労働者にはフレックスタイム制を適用する。

①フレックスタイム制が適用される労働者の始業および終業時間は、労働者が自由に決定することができる。ただし、午後10時から午前6時の間は、原則として労働を禁止する。

②午前10時から午後3時までの間（休憩時間を除く）については、原則として所定の労働に従事しなければならない。

（精算期間および総労働時間）
①精算期間は1カ月間とし、起算日は毎月20日とする。
②精算期間中に労働すべき総労働時間は、154時間とする。

（標準労働時間）
標準となる1日の労働時間は、7時間とする。

（その他）
その他の事項については労使で協議する。

「就業規則の超プロ」のアドバイス

時差通勤対策や、育児、介護を抱える社員の支援策として活用を検討しましょう。

38 「休憩時間」の設定方法

休憩時間の3原則とは？

🔍 フレックス制の場合など例外もアリ

　労働者の健康確保・維持という側面から、労働時間中に休憩時間を設けることが労働基準法で義務付けられています。作業の能率向上にも資することですので、しっかり確認しておきましょう。

　この休憩時間ついては、**①労働時間の途中に与えなければならない、②一斉に与えなければならない、③自由に利用させなければならないという3つの大きな原則があります。**

　それぞれもう少し詳しく見ますと、まず①については、一括でも分割でも良いのですが、始業直後や終業直前では「労働の途中」にならないとされますので、必ず労働時間の途中に設定しましょう。次に②については、飲食業など一斉に休憩が取り難い業種、また労使協定を結んだ場合（フレックスタイム制など）は例外として取り扱われます。③については、一部の公務員などは除外されます。なお、これら以外であっても休憩時間に商品販売や布教活動などを行ってほしくない場合、就業規則において「休憩時間中に勧誘活動を行ってはならない」と規定すれば、事業場管理権の濫用（軽微な行為は除く）とはみなされず、一定の行為を禁止することが可能です。

🔍 1時間の休憩で法律上は問題ないが……

　労働基準法では、労働時間が6時間を超える場合においては少なくとも45分、8時間を超える場合においては同じく1時間の休憩時間を与えることが規定されています。仮に残業が長引いて1日が12時間労働となってしまっても、すでに1時間の休憩を与えてあれば法律上の要請は満たしています。しかし、健康管理の面から追加の休憩付与を考慮してください。

休憩時間の3原則を押さえる

休憩時間の3原則

①労働時間の途中に与えなければならない

②一斉に与えなければならない (一部例外あり)

③自由に利用させなければならない

労働時間ごとに必要な休憩時間	
6時間以下	不要
6時間超8時間以下	45分以上
8時間超	1時間以上

残業が長引いてたとしても1時間の休憩で法的にはOKですが、社員の健康を第一に考えましょう

 「就業規則の超プロ」のアドバイス

社員の健康管理のために、追加の休憩付与も検討しましょう。

39 「休日」と「休暇」について理解する

国民の祝日は必ずしも休日ではない

🔍 休日と休暇の違い

88ページでお伝えしたさまざまな「変形労働時間制度」を導入する際、「休日」と「休暇」はどう違うのか？　という相談を受けるケースが多々あります。

まず「休日」については、「企業との労働契約において労働義務がない日」という定義となり、労働基準法には「毎週少なくとも1回の休日を与えなければならない日（例外的に4週間に4日の休日を与える「変形休日制」もあります）」と定められています。

これを「法定休日」といいます。**必ずしも日曜日を休日に設定しなくてもよく、また国民の祝日についても、休日と同じ扱いとする義務はありません。**

これに対して「休暇」とは、「**本来は労働すべき義務のある日について、使用者がこの義務を免除する日**」ということになります。

有給休暇や育児・介護休暇など、法律上の権利として定められているものや、慶弔休暇（結婚、忌引き等）や私的な傷病休暇など、企業が自由に設定できるものもあります。

基本的に休暇は無給とする企業が多いですが、育児休暇など公的な社会保険からの給付を受けられる制度も用意されています。

🔍 休日の設定と年間総労働時間

1年単位の変形労働時間制を導入するためには、年間の労働日数は原則280日以下、総労働時間は約2085時間まで（365日の場合）にしなければなりません。これをクリアする年間休日を設定し、カレンダーを作成して、労使協定書類ともに労働基準監督署に届け出る必要があります。

特別休暇の導入も検討しましょう

【規定例】　休日

休日は、次の通りとする。
①土曜日および日曜日　②国民の祝日
③夏季休暇　④年末年始休暇　⑤その他会社が定める日

【規定例】　さまざまな休暇　（日数は自由に設定可能）

（慶弔休暇）
労働者に対し、会社が認めた場合は次の慶弔休暇を付与する。
①本人が結婚したとき（ただし、入籍日から1年以内とする）
②配偶者が出産したとき
③父母、子、配偶者、同性パートナーシップを結ぶ者が死亡したとき
④祖父母、義父母、兄弟姉妹が死亡したとき

（病気休暇）
労働者が私的な負傷または疾病のために療養が必要で、会社が認めた場合に
病気休暇を付与する。

（裁判員制度による休暇）
労働者が裁判員もしくは補充裁判員となった場合には、休暇を与える。

【会社が自由に設定できるオリジナル休暇例】
労働者に対し、会社が認めた場合は次の特別休暇を付与する。
①誕生日休暇
②結婚記念日休暇
③ブリッジホリデー
　（休日と祝日の間、大型連休の谷間などを休暇とすること）

 「就業規則の超プロ」のアドバイス

**変形休日制を導入する場合は、起算日など
を就業規則に定める必要があります。**

40 時間外労働、深夜労働、休日出勤等の注意点とは

36協定の効力と例外

🔍 時間外労働や深夜労働をさせられない労働者

顧客からの大量受注や急ぎの納品依頼といった想定外の事態への対応のみならず、慢性的に所定労働時間を超えて労働者が働くことが恒常化している企業も多いのではないでしょうか?

原則論でいえば、労働基準法32条には「1週間について40時間、1日につき8時間を超えて労働させてはならない」という定めがありますので、この時間を超えた部分はすべてが違法となります。

しかし、同法36条で、労働者代表と協定を結び、その書面を行政官庁(労働基準監督署)に届け出れば、32条の労働時間(35条の休日における労働も同様です)を超えて労働させてもよいと規定されています。これがいわゆる「36協定」です。つまり本来であれば労働基準法違反となるところが、処罰されなくなるということなのです。これを「免罰効果」といいます。

ただし、この「36協定」を締結して、監督署に届け出ていたとしても、年少者(満18歳未満の者)は原則として時間外労働や深夜労働(22時~5時の時間帯)に働かせることはできません。また妊産婦から請求があった場合も同じ扱いになりますので、留意しましょう。

🔍 休日出勤の「振替休日」と「代休」との違い

後述しますが、「法定休日」に労働させた場合、通常賃金に3割5分以上の上乗せした賃金を支払わなければなりません。もし法定休日に働かせたいのなら、事前に同一週内の労働日と置き換えれば割増賃金は発生しません。これが「振替休日」です。これに対して「法定休日」に出勤した後、他の労働日と置き換えて休むことを「代休」といい、割増賃金が発生します。

年少者に深夜労働は厳禁です

労働基準法第32条

1週間について40時間、1日につき8時間を超えて働かせることはできない

**36協定（労働基準法第36条）の締結
労働基準監督署への提出**

**第32条の労働時間を超えて
労働させてもよくなる**

36協定の対象外

満18歳未満の者　　　　　　**妊産婦**
（請求があった場合）

休日出勤の注意点

法定休日出勤後、労働日に代休をとる
　⇨**割増賃金（3割5分以上）を上乗せした賃金を支払う必要がある**

事前に同一週内の労働日と置き換えておく
　　　　　　　⇨**割増賃金が発生しなくて済む**

 「就業規則の超プロ」のアドバイス

**休日出勤が決定済みなら、割増賃金が発生
しないよう休日を振り替えましょう。**

41 労働時間、休日、休憩が適用されない人

実態がないと「管理監督者」とは認められません

🔍「管理監督者」とはどういう人か？

労働基準法には、労働者が人たるに値する生活を営むための最低の労働条件として、労働時間や休日労働、深夜労働などについての定めを置いています。すでに確認しました年少者や妊産婦などには、さらに手厚い保護規定が設けられていますが、これとは逆に労働時間や休日などの規定から除外されている人たちがいます。農業や水産業などの業種での区分ほか、業種を問わず経営者と一体とみなされる「管理監督者」や「機密の事務を取り扱う者」というカテゴリーに該当する方々です。

中小企業の課長クラスを「管理監督者」として扱い、残業手当や休日出勤手当が支給されていないことは多いです。しかし、**登記上は役員であっても名目に過ぎない場合**（例えば「取締役工場長」という肩書きであるにもかかわらず実質的な権限が付与されず、出退社も管理され、役員報酬も過少）**は管理監督者とは認められなかった判例**などもあります。

この「管理監督者」については、労働基準法の41条2項にサラリと規定されているだけなのですが、一般的には①経営者と一体的な立場で仕事をしている、②出社・退社や勤務時間について厳格な制限を受けない、③その地位にふさわしい待遇がなされているなどの要件を満たしていることが求められています。「管理監督者」に該当するか否かについて、これらの要件に照らし合わせて、よく確認しましょう。

🔍 それでも深夜割増は適用される

なお、「管理監督者」に該当すれば、**残業手当や休日出勤手当などは除外されますが、深夜労働の際の手当は必要となりますので**、ご留意ください。

📍「管理監督者」はどう定義される？

管理監督者

~~残業手当~~
~~休日出勤手当~~

深夜労働手当

支給不要

支給必要

① 経営者とは一体的な立場で仕事をしている

② 出社・退社や勤務時間について厳格な制限を受けない

③ その地位にふさわしい待遇である

　　①　　　　　②　　　　　③

- -

「名ばかり管理職」ではいけません!!

肩書

取締役工場長

実態

実質的な権限がない、
出退社が管理されている、役員報酬も過少

管理監督者として認められなかった判例も!!

「就業規則の超プロ」のアドバイス

本当に「管理監督者」に該当するのか、改めて要件を社内でチェックしてみましょう。

年次有給休暇とは、どういう休暇なのか？

有給休暇に対して正しい認識を持ちましょう

🔍 年次有給休暇が付与される人とは？

　労働基準法 39 条には、法定された休日などとは別に、労働者が心身の
リフレッシュを図ることを目的とした「年次有給休暇」の規定が置かれて
います。これは一定の条件を満たした労働者について、賃金の支払いを受
けたうえで、労働日に休むことが保証される法律上の権利です。

　**時折、インターネット上などで有給休暇の取得を巡る企業側と労働者と
のトラブルがよく起こりますが、双方の誤解や認識不足に起因しているこ
とが非常に多いです。**

　正社員については、入社から 6 カ月間継続勤務し、その期間の全労働
日の 8 割以上を出勤していれば条件がクリアとなり、1 年間に 10 日間の
有給休暇の権利が法律上付与されます。以後、1 年継続勤務するごとに 1
日ずつ加算、3 年目以降は 2 日ずつ加算となり、6 年経過した以降は年間
20 日間が付与されます。この権利は 2 年間で時効消滅します。つまり翌
年に限り繰り越しができるということです。

　また、パートタイム労働者であっても、所定の労働日数に応じて、一般
の労働者に比べて一定数が減じられた日数が付与されます。これを「比例
付与」といいます。なお、働き方改革により、2019 年 4 月以降、有給休
暇の日数が 1 年間に 10 日以上付与される者については、そのうちの 5 日
間は時季を指定して取得させなければならなくなりました（詳細は 106
ページ）。

🔍 年次有給休暇の取得は許可制ではない

　前述の通り、この有給休暇は法律上の権利として発生しますので、経営
者から許可を受けて権利行使する性質のものではありません。

年次有給休暇のポイント

【付与条件】 ①入社から6カ月間の勤務継続
②その期間の全労働日の8割以上を出勤

【付与日数】

継続勤務年数	0.5	1.5	2.5	3.5	4.5	5.5	6.5以上
付与日数	10	11	12	14	16	18	20

【規定例】 年次有給休暇

1. 採用の日より6カ月間継続勤務し、所定労働日の8割以上出勤した労働者は、10日の年次有給休暇の取得が可能になる。
2. 第1項における年次有給休暇付与後は、1年間継続して勤務するごとに、別表に示した日数の年次有給休暇が与えられる。ただし、過去1年における所定労働日の出勤率が8割以上であることを条件とする。
3. 年次有給休暇を取得する場合は、特別の理由がない限り、取得予定日の3労働日前までに届け出るものとする。なお、有給休暇は直近で新たに付与されたものから取得するものとする。
4. 第1項、第2項における出勤率の算定にあたって、次の①から⑥は出勤日として計算する。
   ①年次有給休暇取得日　②産前・産後休業期間
   ③育児・介護休業法に基づく育児休業および介護休業期間
   ⑤業務上の負傷、傷病による療養のために休業した期間
   ⑥会社が規定する特別休暇日
5. 労使協定を締結することにより、労働者が有する年次有給休暇（前年度の残余分含む）のうち、1年あたり5日を超える日数については、使用者があらかじめ取得する時季を指定することができる
6. 取得可能日から1年以内に取得されなかった年次有給休暇は、取得可能となった日から2年以内に限り、繰り越して取得することができる。

「就業規則の超プロ」のアドバイス

有給休暇は、労働者の権利。その性質をしっかり理解しておきましょう。

有給休暇の日数にも関わる「勤続年数の計算方法」

社員のためにもしっかりカウントしておく

🔍 どんなときに「勤続年数」が必要になるのか？

　正規雇用労働者であってもパートタイム労働者であっても、例えば「勤続年数は何年ですか？」と聞いたとしたら、多くの人は「入社した日から今日（質問された日）までの年数」を即答されることでしょう。それは一般的な質問に対する回答としては、もちろん正しい答えです。

　では、仮にその人が何かしらの事情により、例えば6カ月間の休職期間があったとしたら、その期間も含めるべきでしょうか？ それとも含めてはいけないのでしょうか？「そんなことが労務管理上で必要なの？」と言われてしまいそうですが、実は結構、重要な問題なのです。

　2019年4月にスタートした働き方改革によって、大きな注目を集めたのが「年次有給休暇の時季指定」（詳細は108ページ）でしたが、この年次有給休暇は「勤続年数（労働基準法上は継続勤務年数）」によって付与日数が決まっています。少々細かい話ですが、この継続勤務とは会社の在籍期間のことであり、休職期間（業務災害による休業、育児・介護休業、産前産後休業）も在籍期間に含まれることになります。つまり期間のカウントを誤ってしまえば、休暇の付与日数が1〜2日違ってしまうのです。

🔍 「法定外の制度」に関しては原則、企業側で自由に設定できる

　勤続年数について他にも決まり事があるのでしょうか？

　「退職金は勤続〇〇年以上の者に支給する」、あるいは「勤続5年、10年、20年……の者を表彰する」など、いくつも考えられる事柄はありますが、**これら法定外の制度に関しては原則、企業が自由に設定できます**。ただし、トラブル防止のため、休職期間を勤続年数に含めるか否かは就業規則に書き込んでおきましょう。

「勤続年数」のルール

| 休職期間 | 労働基準法の定めにより、産前産後休業、育児・介護休業、業務災害による休業は在籍期間を出勤したものとみなします。 |

| 年次有給休暇の付与日数算定基準 | 労働基準法通り、休職期間を勤続年数に含め計算する |

有給の付与日数に関わるので、必ず法を遵守する

| その他法定外の制度（退職金、表彰など） | 休職期間を勤続年数に含むかは、会社の裁量による |

トラブル回避のため、必ず就業規則に記載する

「就業規則の超プロ」のアドバイス

就業規則で、有給付与日数の計算に休職期間を含めないとしても、法律が優先されます。

44 上手な有給休暇の消化方法とは？

5日間、時季を指定し消化することが義務に

🔍 2019年4月からの法改正で「有給休暇は時季指定」へ

　年次有給休暇は基本的に労働者自身が好きな時期に取得することができますので、これまで例えば「取得希望日の5日前までに申請してください」といった就業規則に則った手続きによって、申請することが一般的でした。しかし、**働き方改革により、2019年4月から一定の日数を付与される労働者については、そのうちの5日間を予め事前に時季を指定（労働者からの請求、計画年休含む）して消化することが義務付けられました。**

　具体的には、1年間に10日以上の有給休暇を付与される人が対象となりますので、一般の労働者のみならず、**パートタイム労働者であっても勤続年数により10日以上を付与されることになった時点から、このルールが適用される**ことになります。

🔍 計画的な付与で有給消化率をアップさせる

　この有給休暇の取得状況は帳簿をつけて管理することが求められます。必ずしも予定通り取得ができないケースも予想されますが、未達の場合には罰則が適用されることになりました。では、完全に対応するためにはどうすればよいでしょうか？

　実務上、有効な手段としては労働者の代表と協定を結んだうえで、新たな休暇として祝日と祝日の間の労働日を休暇とする「ブリッジホリデー」、誕生日や結婚記念日などを休暇とする「アニバーサリー休暇」など、自社の実情にあった制度として計画的に有給休暇を付与する（これを「計画的付与制度」といいます）ことを検討すべきでしょう。その際、**最終的に本人が自由に取得できる分として、5日間は残さなければなりませんので留意しましょう。**

有給休暇の時季指定とは？

━━ 有給休暇の時季指定 ━━━━━━━━━━━━

対象	10日以上の有給休暇を付与される労働者
ルール	①付与日数のうち5日間を、予め事前に時季を指定して消化する ②本人が取得できる分として、5日間は残さなければならない

【さまざまな計画的付与のパターン】

夏季休暇と組み合わせる

 日祝日
 夏季休暇
 計画的付与日

グループ別に与える

A班…○月○日

B班…△月△日

C班…□月□日

ブリッジホリデー

 日祝日

 計画的付与日

その他
・閑散期に与える
・個人が事前に日程を決めて取得
・創立記念日など独自の休暇日を設定する

 「就業規則の超プロ」のアドバイス

自社にマッチした年次有給休暇の取得促進策を考えましょう。

正確に知っておきたい 有給休暇の「時季変更権」

一定の場合には、違う時期への変更可能

🔍 基本的には希望日に付与

　何度も申し上げておりますが、年次有給休暇は労働者自身が好きな時期に取得できる法律で保護された権利です。では、いついかなる場合でも労働者の請求に応じなければならないのでしょうか？

　労働基準法の39条には「事業の正常な運営を妨げる場合においては他の時季にこれを与えることができる」との規定があります。つまり**一定の場合には労働者からの請求を留保して、違う時期に変更することができる**のです。これを企業側における有給休暇の「時季変更権」と言います。

　まれにこの権利を拡大解釈されて「いつでも時季を変更できる」と考えている経営者もいますが、**法律上の労働者の権利を制限（変更）するのですから、そこには相当の理由が必要です**。例えばその労働者の部署の人数や作業内容、作業の繁忙・閑散、代替要員の確保、同じ時期に有給休暇を取得する人の数の過多など、さまざまな状況を勘案したうえで判断しなくてはなりません。安易な変更要請は「時季変更権の濫用」となります。

🔍 事前申請制についてのルールを明確に

　このように一定条件下ではありますが、企業側には時季変更を行うことができますので、**トラブル防止のためにも有給休暇の取得申請方法等については、しっかりルールを決めておくべきです**（102ページ参照）。

　特に何日前までに申請書類を提出してもらうかは、代替要員の確保を勘案する上で重要です。例えば「5日前までに申請すること」と決めて就業規則に書き込みましょう。なお、風邪など体調不良で欠勤した際、有給休暇と振り替えることを認めるかどうかは会社の裁量の範疇であって、必須の記載事項ではありません。

相当な理由なしには行使できません

時季変更権

事業の正常な運営を妨げる場合においては、他の時季にこれを与えることができる。

この期間有給で
お願いします！！

2020 4 April
Sun　Mon　Tue　Wed　Thu　Fri　Sat

申し訳ないが、○○だから取得時季を変えてくれないか
○○に入るのは「相当な理由」

□部署の人数が足りない　□繁忙期　□代替要因が確保できない
□同時期に有給休暇を取得する人が多すぎる

慢性的な人手不足、使用者の独断などによる変更要請は、
「時季変更権の濫用」になります！

「就業規則の超プロ」のアドバイス

**トラブル防止のため、有給休暇の取得申請
方法や窓口などを決めておきましょう。**

「福利厚生」の充実は中小企業に必須の課題

「給与以外の報酬」になり、人材確保にもつながる

◆ いまどきの若年層が求める労働環境

有効求人倍率がバブル期を超えるという深刻な人手不足に加え、社員のライフスタイルが多様化していくなかで、どのように人材を確保し、かつ定着させていくのかが企業経営の大きな課題となっています。

ある求人関連会社の調査によれば、**転職者の7割以上が福利厚生について重視している**という回答があったそうです。大手企業よりネームバリューでは劣るとしても、その差を埋めるために福利厚生を充実させることを検討してはいかがでしょうか?

この福利厚生は「給与以外の報酬」とも言われており、雇用保険や健康保険、厚生年金などの社会保険料のほか、労働基準法上の休業補償など法律で義務付けられているものは「法定福利」、それ以外の交通費の支給や社宅の提供、育児支援、レクリエーションの提供などは「法定外福利」と呼ばれます。どんな制度を用意するのかは会社の自由裁量です。

◆ 金銭的対価より福利厚生の充実が選択基準になる現状

「実際にあった福利厚生でよかったと思うもの」という別の調査によると、**1位:食堂、昼食補助、2位:住宅手当・家賃補助、3位:余暇施設・宿泊施設・レジャー施設などの割引制度**という結果だったそうです。どのくらいの経費をかけることができるのかはよく検討すべきですが、一度にすべてを用意するのではなく、自社にマッチした制度を試行錯誤しながらつくり上げましょう。また、近年は社員ごとに毎年一定の福利厚生の補助金(ポイント)を設定し、そのポイントの範囲内で社員が各自でライフスタイルに合わせた福利厚生メニューを選択できる「カフェテリアプラン」も充実していますので、選択肢に加えて検討しましょう。

自社にマッチした福利厚生制度を

福利厚生を充実させて、
新卒採用時にアピールしましょう！

昼食補助（1位）
住宅手当、家賃補助（2位）
余暇・宿泊施設、
レジャー施設などの割引（3位）

※カッコ内は「実際にあった福利
厚生でよかったと思うもの」とい
う調査のランキング
（マンパワーグループ調べ）

自社で用意できないプランは、
アウトソーシングも検討しましょう！

制度設計例

人間ドック 費用補助	脳ドック 費用補助	歯科治療 費用補助	スポーツクラブ 利用補助	メンタルヘルス 利用補助	生命・損害 保険料補助
財形補助	持株会補助	提携ローン 利子補助	住宅費用補助	住宅融資 利子補助	住宅修繕 費用補助
資格取得 補助	各種スクール 補助	育児費用 補助	旅行・宿泊 費用補助	レジャー& エンターテイメ ント補助	クラブ活動 支援
差額ベッド代 補助	長期所得補償 保険補助	FP相談 費用補助	引っ越し 費用補助	介護費用 補助	食券 購入補助

従業員にポイントを付与し、そのポイントの範囲内で好きなメニューを選んでもらう

「就業規則の超プロ」のアドバイス

地域限定の福利厚生サービスを 提供している財団法人などもあります。

時間外労働の
罰則付き上限規制について

　長時間労働を原因の1つとする不幸な労働事件がたびたびニュースで報じられてきました。これに対処すべく「働き方改革」の一環として、これまで厚生労働省の告示で示されていた時間外労働の限度規制が労働基準法での規制に格上げされました。

　今回（2019年）の法改正では、時間外労働（休日労働は含まず）の上限が、原則として、月45時間、年360時間、臨時的な特別の事情があっても年720時間までに設定されました。また、休日労働も含めて2～6カ月間の平均で80時間以内、単月では100時間以内という上限も設定されました（建設業、自動車運転業務、医師などは猶予あり）。違反した場合、6カ月以下の懲役または30万円以下の罰金もある厳しい内容です。

　なお、これら時間外労働や休日労働をさせるためには、36協定の締結と労働基準監督署への届出が必要です。届出自体を失念していたり、協定期間が失効している企業も多いので、これを機に点検しておきましょう。

　長時間労働を解消するためには、業務の効率化やワークシェアなどが必要となりますが、人手不足の状況下では難しいでしょう。設備の新規導入、テレワークなどを補助金や助成金を活用して導入することも検討しましょう。また回り道のように感じるかもしれませんが、社員教育などで労働者のスキルアップを支援し、待遇改善などで労働者の定着率を上げられれば、技術や技能の蓄積が生まれて、結果として生産性の向上が期待できます。目先の生産性向上だけでなく、中長期的な視点での取り組みもあわせて検討しましょう。

Chapter **6**

休職・退職・解雇・定年のポイント

人手不足が叫ばれるなか、自社の優秀な人材が去るという事態は避けなければなりません。また、退職についてのルールは就業規則化されていないと、認められない場合があります。

47 「休職規定」の必要性と規定する際の注意点

企業体力と相談しながら決めましょう

🔍 スキルを持った社員を保護する上で有効な手段

労働契約とは「労働者が使用者に労務を提供し、使用者がこれに対して報酬を支払うことを約する契約」であり、使用者が報酬を支払うのは当然ですが、一方、労働者も労働力を提供する義務を負っています。

後述しますが、業務遂行上での負傷・疾病は労働者災害補償保険から補償を受けることができ、もちろん、労働力の提供ができなくてもペナルティは何もありません。これに対して、例えばプライベートでスキーに興じた際に骨折して3カ月間欠勤した場合などは、私傷病が原因で労働力の提供ができないので、対価としての報酬を受けられないことに加え、就業規則の規定内容によっては、労働契約が解除されるケースもあり得ます。

しかし、キャリアを積んだ労働者を数カ月間の労務不能だけで契約解除するのはもったいないですね。そこでスキルを持った労働者を保護する制度として「休職制度」があります。法律上の義務ではありません。

🔍 休職期間の設定はどうすべきか?

休職規定を設ける際に留意すべき事柄は何でしょうか?まず最初に検討すべきは休職期間の長さです。中小企業にあっては1人ひとりのマンパワーが大きいと思われますが、いくら必要な人材であっても復帰に1年も2年も時間が必要だとしたら、その期間を待つことが実際に可能でしょうか?

加入する保険制度によっては、本人は傷病手当金などを受給することができますが、その期間中も企業側は社会保険料を支払う必要があります。労働力の提供ができない人について、どれくらいの期間まで負担するのか、企業体力とも相談しながら、自社にマッチした長さを設定しましょう。

労働者をつなぎとめるために

【規定例】 休職

1. 労働者が次のいずれかに該当する場合、休職を命じることがある。ただし、休職事由が業務外の傷病などを原因とする場合、当該傷病が休職期間中の療養によって労務提供ができるまでに回復する可能性が低いと会社が認めた場合は、休職を命じることなく、普通解雇にすることがある。また、状況に応じて、休職を命じることなく、一定期間の欠勤の容認をすることがある。

   ①業務外（通勤災害含む）の傷病による欠勤が○カ月を超え、なお療養の継続が必要であると会社が認めたとき。ただし、場合によっては○カ月を超える前に休職を命じることができる。
   ②業務外（通勤災害含む）の傷病により欠勤する程度でないが、労務提供に支障があり、その回復に一定の期間を要すると会社が認めたとき。
   ③その他、特別な事情により会社が休職を認めたとき。

2. 休職をさせる際に、会社指定の医療機関での診断を命じることがある。なお、この場合の費用は会社が負担する。

3. 業務の遂行状況によっては、休職を命じることなく、一時的もしくは継続的に労働条件の変更を行うことがある。

4. 休職期間は、特別な事情のない限り勤続年数に含めない。ただし、年次有給休暇の付与日数については、休職期間も勤続年数に含めて計算する。

会社からの給与支払いがなくても、休職期間中は社会保険料の支払いは必要です。会社も本人も同じ金額ですので、これら金銭的な負担も考慮しましょう！

「就業規則の超プロ」のアドバイス

人的にも金銭的にも負担があるので、休職期間についてはよく検討しましょう。

48 復職させるときの条件を設定する

復職できる状態か要チェック

何をもって復職の条件とするのか定める

労働者が私傷病などで欠勤する際、復帰できるまでの期間、雇用を維持する「休職制度」ですが、休職させる際には医師の診断書の提出を受け、「加療を要する期間」（治療期間）を基にした「休職命令（書）」を必ず作成して、本人に交付します。特に何日間の休職とするのか、そしてどういう理由で休職させるのかも、しっかりと明記しましょう。それが後々、復職させる際に重要になってきます。

さて休職期間の経過とともに症状が改善し、期間満了で本人から復職の意向が示された場合、どのような手順を踏めば良いでしょうか？

まずは休職理由が消滅した旨を明記した「復職願い」の提出を求め、あわせて従前の業務が可能であると判断できる医師の診断書の添付も必須の要件としましょう。これは本人の復職を不当に妨害することではなく、使用者として当然に負っている「安全配慮義務」（労働者が健康で安全に働けるように配慮する義務）を果たすためにも必要です。

仮に本人から「働けないと生活ができないので復職させてほしい」と懇願されて、健康状態をチェックしないまま自己申告のみで復帰させた際、当該傷病に起因した事故が発生してしまった場合、使用者としての責任が問われる可能性は十分にあります。

身体的な傷病と精神的な疾患は同一に扱わない

身体的な傷病であれば、復職後にさらに回復・改善される余地がある場合もありますが、精神的な疾患に罹患した場合には、症状が一進一退を繰り返すケースも多く、その回復の度合いを合理的に推し量ることは難しいかもしれません。復職の判定は正確かつ冷静に判断しましょう。

健康状態の確認は慎重に

【規定例】　復職

1. 休職中の者が、第○○条の休職事由が消滅したと復職を申し出た場合は、休職期間が満了する前の会社の指定する日までに、受診している医師による証明（休職前と同様の労務提供ができる旨を証明する書類）を提出しなければならない。なお、この証明にかかる費用は休職者の負担とする。

2. 通院や復職のための証明の出来上がり日の関係上、必要に応じて休職期間を延長することがある。

3. 第○○条の休職からの復職をさせるにあたって、休職者が受診している医師の意見のほか、場合によっては会社が指定する医療機関にも受診させ、その結果で復職の是非を判断することがある。なお、その場合の受診費用については会社が負担する。

4. 第1項の医師による証明が提出された場合でも、会社は休職者に対して、会社が指定する医療機関での受診を命じることがある。正当な理由なく休職者がこれを拒否した場合には、第1項による証明を休職事由消滅の判断材料として採用しないことがある。

5. 第1項による証明に関して、会社が、証明をした医師に意見聴取を求める場合は、休職者はこれに協力しなければならない。

6. 復職させる場合、原則として休職前と同様の職務に復職させるが、業務上もしくは労働者の状況によって、休職前と異なる職務に配置することがある。この場合、労働条件の変更を行うことがある。

「就業規則の超プロ」のアドバイス

復職に際しての判断次第で、会社としての安全配慮義務が問われることもあります。

「精神疾患の復職」は業務遂行状況で判断する

症状の改善度合いは判断材料にしない

🔍 一時的な身分変更も考慮すべし

　精神疾患に罹患した労働者が休職した場合、改善状況が目に見えないことも多いので、復職についてはより慎重に行うべきだと前述しました。

　したがって復職させる際には、"従前の業務が80%程度できるようになってから"とか"100%できるようになるまでは復職させない"など、**基準をどこに置くとしても、その判断ベースは業務遂行能力とすべきです。**また1日の労働時間を短くしたり、業務を低負荷の内容に変えるといった「**リハビリ出社**」を導入して業務の遂行状況を確認することも一考です。

　完全なる復職とならない期間中は、本人とよく協議したうえで、例えば一時的にパートタイム労働者として働くことも選択肢として用意できるとよいでしょう。収入面では減少となるケースもありますが、働いた分だけ報酬を得るほうがプレッシャーを軽減できる場合もあり、精神的に楽に働けることもあるようです。

🔍 復職できない場合の対応策について

　では、どうしても復職ができない場合はどう対処すべきでしょうか？この場合に備えて就業規則には「休職期間を満了しても復職ができない場合は退職の申し出があったものとみなす」という規定を盛り込むべきです。少し非情に感じられるかもしれませんが、完全なる労働力の提供を受けた時に約束した報酬を支払うという労働契約を交わしている以上、これは致し方ないことだと考えます。**恩情からの復職が事故につながったケースも見受けられますし、**今の職場を離れることで症状が改善するケースもあるようです。なお、一旦退職しても、寛解したと認められる場合に改めて採用する制度を用意しておくことも経営判断としてあるでしょう。

一旦退職後の復職も考慮する

休職明け勤務
- 心身に大きな負担
- 再発、再悪化の恐れ

負担を減らす制度で
復職をサポート

トライアル期間

リハビリ出社

【規定例】 精神疾患者の復職

1. 復職前に一定のトライアル期間を設けて出社をさせることがある。この場合は原則として労働はさせない。

2. 復職後に、一定のリハビリ勤務期間を設けることがある。この場合、労働時間および資金などの労働条件を一時的に変更することがある。

3. 会社は、休職期間満了の日までに休職事由が消滅し、労働契約の遵守が可能と判断した場合には、復職を命じる。

4. 休職理由が私傷病であり、休職期間満了の日までに治癒せず労働契約が遵守できない場合には、自己都合による退職の申し出があったものとみなす。

 「就業規則の超プロ」のアドバイス

原則として「業務遂行能力」がどこまで戻ったかによって判断すべきです。

50 「退職」の種類と定義

退職のトラブルを防ぐには？

🔍 自己都合退職

　業務内容が自分に合わない、体力的にきつい、賃金に不満があるなど、理由はさまざまでも、労働者側から会社に申し出て退職することを「**自己都合退職**」といいます。労働契約の破棄ということですが、労働基準法には特別な規定はなく、民法で「期間の定めのない雇用契約」の場合はいつでも解約（退職）の申し入れができ、2週間経過すると終了すると定められています。つまり退職日の2週間前までに会社に申し出れば、期間経過後に退職できるということです。多くの会社では「退職の○カ月前までに申し出ること」と就業規則で規定していると思います。法律と規則のどちらが優先されるか意見が分かれることもありますが、仮に法律が優先されるとしても、**代替要員の確保や業務の引き継ぎなどを考慮すれば、やはり「1カ月前までに申し出ること」**など一定期間を置くべきです。一時的な感情の昂ぶりによる安易な退職を防ぐ抑止力としても期待できます。

　なお、パートタイム労働者などの期間の定めのある労働者の場合には、やむを得ない理由がなければ、契約期間中の退職は原則的にできません。

🔍 会社都合退職

　これに対して、会社の経営状況の悪化によるリストラや倒産、解雇、退職勧奨などを理由とした労働契約の破棄を「**会社都合退職**」といいます。このうち解雇や退職勧奨は本人の能力不足や服務規定違反などを理由として会社側から労働者に通告するものですが、それが刑法の規定違反や重過失などによる懲戒として解雇する場合は「**重責解雇**」となり、基本的には会社にペナルティは科されません。しかし、その**条項が就業規則になければそもそも懲戒処分ができませんので、しっかり書き込みましょう。**

「自己都合退職」と「会社都合退職」

自己都合退職　（労働契約の破棄）

民法「2週間前までに申し出れば OK」

ですが

□代替要因の確保

□業務の引き継ぎ

□感情的な退職の防止

……などを考慮して

「1 カ月前までに申し出ること」などと
規定しておきましょう。

※パートタイム労働者など、有期雇用契約労働者は
原則的に契約期間中の退職はできません
（労働契約の初日から 1 年経過後、またはやむを得ない理由があるときを除く）

会社都合退職

・経営悪化によるリストラ
・倒産
・解雇
・退職勧奨など

解雇についての詳細は
124〜127 ページへ→

「就業規則の超プロ」のアドバイス

トラブルを防ぐためにも、退職についても しっかり理解しておきましょう。

51 「自己都合退職」時の注意事項

後顧の憂いを断つために

🔍 退職におけるルールを決めておく

労働者が自身の個人的な理由によって退職する「自己都合退職」ですが、会社として少しだけ留意すべき事項があります。

それは例えば、①労働契約の締結に際し明示された労働条件が事実と著しく相違していた、②賃金（退職手当を除く）の額の3分の1を超える額が支払期日までに支払われない、③賃金が当該労働者に支払われていた賃金に比べて85%未満に低下した、④事業主が労働者の職種転換等をさせる場合に必要な配慮を行っていない、⑤事業主から直接若しくは間接に退職するよう勧奨を受けた、などが退職理由であった場合、形式的には「自己都合退職」ではありますが、雇用保険上では「特定受給資格者」として認定されることがあります。

基本的に会社側に責があるケースが多いので仕方ないと思いますが、この「特定受給資格者」を一定数出してしまうと、一部の助成金が受けられなくなります。職種を転換する際に教育訓練を実施しなかっただけでもこれに該当する場合がありますので注意しましょう。

なお、退職する際には「1カ月前までに申し出ること」などのルールを決めて、それを遵守してもらうことはもちろん、業務の引継ぎや貸与物品をいつまでに返還してもらうかなどについても、しっかりと就業規則に書き込んでおきましょう。

🔍 トラブル防止のために「退職願いの提出」を義務づける

退職の意思表示は仮に口頭であっても有効とされます。しかし、就業規則に定めている場合には退職願いが提出されない限り、退職の意思表示の効力は生じないとした判例もあります。書面提出を義務化しましょう。

退職時に起こる揉め事に注意！

特定受給資格者の概要

①労働契約の締結時に明示された労働条件が事実と著しく相違していた
②賃金額の3分の1を超える額が支払期日までに支払われない
③賃金が当該労働者に支払われていた賃金に比べて85%未満に低下した
④事業主が労働者の職種転換等をさせる際に必要な配慮を行っていない
⑤事業主から直接もしくは間接に退職するよう勧奨を受けた　　　　……など

> 上記の理由で退職を選んだ労働者は特定資格受給者として認定され、
> 特定資格受給者が一定数出た場合、一部の助成金が受けられなくなる

【規定例】　一般退職

1. 第○○条（定年）に定めるものの他、労働者が次のいずれかに該当する
   場合は、退職とする。
   ①退職願を提出し、会社に受理されたとき
   ②契約期間が定められている場合、その期間が満了したとき
   ③第○○条（休職）に定める休職期間の満了日までに、休職事由が消滅
   　しないとき
   ④死亡したとき
   ⑤連絡不能、行方不明となり○週間が経過したとき
   ⑥（外国人労働者を雇用している場合）在留資格を喪失したとき

2. 第1項①によって労働者が退職する場合、○カ月前までに会社に対して退
   職の申し出をしなければならない。

3. 労働者が退職する場合、請求があれば会社は使用期間、業務内容、地位、
   賃金または退職事由を記載した証明書を速やかに交付する。

「就業規則の超プロ」のアドバイス

業務の引継ぎや、貸与物品をいつまでに返還してもらうかなども、規定すべきです。

52 「会社都合退職」時の注意事項

安易な解雇はトラブルの原因に

🔍 解雇の種類について

　「解雇」については、労働契約法16条に「解雇は客観的に合理的な理由を欠き、社会通念上相当であると認められない場合は、その権利を濫用したものとして無効とする」と規定されています。

　解雇は大きく分けると、会社の秩序を著しく乱した労働者に対する制裁としての「懲戒解雇」と、それ以外の「普通解雇」があり、能力不足や勤務状況不良ほか、就業規則の懲戒規程に抵触する場合なども「普通解雇」となり、退職金の減額などの制裁もあり得ます。

　普通解雇のなかでもリストラ（いわゆる「整理解雇」）については、①人員削減の必要性、②会社が解雇を回避するための努力をした、③解雇する人選について合理的であること、④その手続きについて相当性があることの4つの要件が求められます。安易なリストラは裁判で解雇無効と判断される可能性が高くなりますので、注意が必要です。

🔍 即時解雇には予告手当が必要です！

　解雇を巡って労働者と争いになった際、使用者が金銭的な補償を行って紛争を終了させる「金銭解雇」は、日本では認められておりません。これと混同しやすいのですが、「即時解雇」をする時はあらかじめ平均賃金の30日分の解雇予告手当（一定の場合には不要）を支払わなければなりません。これは「金銭解雇」とは違うルールです。もちろん、解雇事由については就業規則に記載されていなければならず、記載なき解雇は無効と判断される可能性が高くなります。なお、退職金を一定額減額する取り決めをしている場合も多く、また、感情的になり「クビだ！」などと口頭であっても解雇は有効となりますので、判断と手続きは慎重に行いましょう。

「解雇」の規定例

【規定例】 解雇

1. 労働者が次のいずれかに該当する場合は、解雇することがある。
   ①勤務状況が著しく不良で、改善の見込みがないとき
   ②精神または身体の障害により、完全な労務提供ができない、あるいは業務に耐えられないとき
   ③業務上の負傷または疾病による療養の開始後3年を経過しても当該負傷または疾病が治らない場合であって、労働者が疾病補償年金を受けているとき、または受けることになったとき
   ④規律性、協調性を著しく欠き、他の労働者に悪影響を及ぼすと認められたとき
   ⑤能力不足が著しい、または勤務成績が著しく不良で、労働者として不適格であると認められたとき
   ⑥事業の縮小や合理化、天変事変、その他これに準ずるやむを得ない事由により、解雇の必要があるとき
   ⑦第○条に定める懲戒解雇事由に該当するとき
2. 第1項に基づいて解雇する場合は、30日前までに予告する。予告しない場合は、平均賃金の30日分を解雇予告手当として支給する。予告日数については、解雇予告手当を支払った日数分短縮できる。
3. 第2項は、懲戒解雇または次に該当する労働者には適用しない。
   ①日々雇い入れられる労働者で、労働日数が通算1カ月を超えない者
   ②○カ月以内の期間を定めて契約を結んでいる労働者で、継続雇用されていない者
   ③試用期間中の労働者で、労働日数が14日以内の者
4. 第1項の規定による解雇に際して、労働者から請求があった場合、会社は解雇事由を記載した証明書を速やかに交付する。

「就業規則の超プロ」のアドバイス

「解雇」にもさまざまな種類があります。正確に理解しておきましょう。

53 解雇規定はさまざまな ケースを想定しておく

弁明の機会も用意しましょう

懲戒を重ねても指導はしっかり行うこと

　「普通解雇」と同様に就業規則の懲戒規程に抵触した中で、最も処分が重く、退職金も支払われないことが規定されていることも多い「懲戒解雇」。

　一般的には懲戒規程に複数回抵触した場合や、その程度が重い場合、採用時の学歴や経歴に関する重大な詐称、故意や重過失による機密の漏洩、刑法犯に該当した場合（窃盗、横領、傷害等で逮捕され有罪が確定）などがあります。

　これらは過去の判例からも認められることが多くなっていますが、「懲戒解雇」であっても、本人に弁明の機会を与えることは必要です。

　また、いきなりレッドカードを突きつけるのではなく、例えば始末書を書かせて自省を促し、指導を行い、何枚かイエローカードを出して、それでも改善されなければ退職勧奨につなげるようにしましょう。その際、注意した内容などについては、書面に記録して残しておけば、その後の社員教育にも役立ちます（170 〜 171 ページ参照）。

　なお、刑法犯に該当した解雇は「重責解雇」とも呼ばれ、ハローワークで確認されれば通常は対象外とされる助成金についてのペナルティは科されません。

解雇が制限されることもあります

　業務上で負傷したり病気になった場合にその療養のために休業する期間や産前産後の女性が休業する期間、及びそれぞれその後の 30 日間は解雇をすることができません（打切補償を支払った場合や天災事変などでの事業継続困難な場合など、一定の要件を満たした場合を除く）。

解雇にもいろいろな種類があります

解雇が制限されるケース

☐ 産前・産後休業期間およびその後30日間
☐ 業務で負った傷病の療養期間およびその後30日間

下記を理由とした解雇は禁止されています

☐ 国籍・政治信条・信教・社会的身分
☐ 婚姻・妊娠・出産・育児、またはそれにともなう休業
☐ ハラスメント行為の通報
☐ 公益通報（内部告発）
☐ 労働組合員である、またはこれから加入、
　結成しようとした　　　　　　　　　　　　　　など

「就業規則の超プロ」のアドバイス

打切補償の支払いなど、一定の要件を満たした場合は、解雇を制限されません。

54 退職者に課しておくべき義務とは？

クライアントに迷惑をかけないためにも

🔍 きちんと引継ぎさせるための方策とは？

　体調不良による退職や解雇などでは難しいケースもありますが、本人の転職希望などの理由による時間的に余裕があると思える退職であっても、きちんと業務の引継ぎが行われないケースが散見されます。

　退職の意思表示をした段階で業務遂行の意欲が薄れ、場合によっては退職の申し出と同時に有給休暇の取得申請が出されて、そのまま出社しないこともあり得ます。本人は区切りを付けたと感じるのかもしれませんが、会社としては事業が継続している訳ですから、**引継ぎがされなかったり、中途半端な引継ぎをされたりしては、自社の業務上はもちろん、クライアントにも迷惑をかけることになりかねません。**

　これを防止するための手段はいくつか考えられます。そもそも普段からコミュニケーションをよく図り、業務の進捗状況を確認しておくことは大切です。しかし、すべてのケースに当てはまるとは限りません。その場合には例えば、業務を引き継ぎする日数分の有給休暇を追加で付与する、引継ぎ業務自体にインセンティブを支払うなど、金銭的な支払いを申し込むことも検討すべきです。このほか「最後の給与は銀行振込とせずに直接、手渡しする」と規定して、本人の感情に訴えることも有効です。労働基準法には**「賃金は通貨で直接、労働者にその全額を支払わなければならない」**という規定がありますので、**代理人は受け取れません。**

🔍 秘密保持と競業禁止の誓約書について

　46ページでも触れましたが、機密保持や競業避止義務の誓約書は基本的には入社時に提出を求めるべきです。しかし、未提出だった場合には退職時に改めて話し合って、提出してもらいましょう。

円滑な引き継ぎを実現するに

退職者 ➡ **引継ぎ**

規則で
義務づける

・引継ぎに
　インセンティブ
・最後の給与手渡し

など防止手段も

【規定例】　退職する労働者が負う義務

1. 労働者が退職する場合、退職日までに業務の引き継ぎや、その他指示されたことを完了し、貸与されている金品は全て返納しなければならない。
2. 労働者が退職する際、在籍中に取得した会社とそれに関わる全ての情報は、会社の指示に従って破棄もしくは返還し、その情報を保持または漏洩してはならない。
3. 労働者が退職する際、または退職後に、自身もしくは第三者の利益を目的として会社の顧客を誘導するなどの行為をしてはならない。
4. 退職した労働者が、競合する事業へ就職もしくは競合する事業を経営することについて、会社は合理的であると認められる範囲においてこれを制限することできる。
5. 労働者が、第1〜4項について違反行為を行った場合、会社は合理的であると認められる範囲で退職金を減額することができる。

「就業規則の超プロ」のアドバイス

**完全な引継ぎができる体制を
構築しましょう。**

定年退職の年齢を定める

人生100年時代を見据えて

🔍 定年退職できる法律上の年齢とは?

　1991年に私が地元の商工会議所に入所した際、定年で退職となる年齢は60歳でした。バブル崩壊後は早期退職制度などがもてはやされましたが、多くの日本企業では長らく60歳でのリタイアが主流でした。

　しかし、「高年齢者等の雇用の安定等に関する法律」が改正され、定年年齢は60歳を下回ることができず、また65歳までの雇用確保維持が義務づけられました。

　これに対応するためには、①65歳までの継続雇用制度の導入、②65歳以上への定年の引き上げ、③定年の廃止のいずれかを選択しなくてはなりませんが、厚生労働省の調査によれば、約7割の企業が65歳までの継続雇用制度を導入しています。2013年の改正では、継続雇用する対象者について勤務成績や健康状態などで選別する条件付けを2025年3月31日までの期間限定として認められましたが、現在は希望者全員を継続雇用しなくてはならなくなっています。

🔍 継続雇用制度は義務としてでなく、積極的に活用すべし

　法律上で義務付けられている雇用確保維持ではありますが、平均寿命の伸びもあり、精神的にも体力的にも若々しい60代は、後進育成だけでなく、現役選手として十分に活躍できると思われます。もちろん本人の健康状態の確認や業務内容の見直し等も必要ですが、これまで事業を遂行する中で培った技能や知識を活用することは企業経営にも資するはずです。

　体調管理面でフルタイム勤務が難しい場合や余暇を楽しみたい人には、出勤日や労働時間を減らした「短時間正社員制度」などを導入することで福利厚生は充実させたまま、本人の負担を軽減できる方法もあります。

いぶし銀の活躍を期待

高齢者等の雇用の安定等に関する法律
・定年年齢は60歳を下回ることができない
・65歳までの雇用確保維持が義務化

対応策 ↓

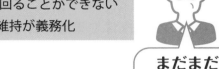

①65歳までの継続雇用制度の導入
②65歳以上への定年の引き上げ
③定年の廃止

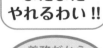

まだまだ
やれるわい!!

義務だから
ではなく
貴重な人材

【規定例】 定年・継続雇用制度

1．労働者の定年は満60歳とし、満60歳に達した日を含む月の末日をもって退職とする。

〈希望者を継続雇用する場合〉
2．労働者が定年に達した後も、引き続き雇用されることを希望し、解雇または退職事由に該当しない場合は、原則として満65歳までこれを継続雇用する。

3．第2項を適用して雇用を継続した労働者の契約期間は、1年以内の更新制とし、更新の条件については別途個別の労働契約書で定めるものとする。

「就業規則の超プロ」のアドバイス

出産・育児中の社員の業務を補う サポートスタッフとしても有用でしょう。

56 「継続雇用」する際に 考慮すべき事項

話し合いによって労使ともに納得できる条件を

🔍 再雇用時の労働条件や雇用期間を決める

72 ページでも触れましたが、2018 年 6 月に労務関係で注目されていた裁判判決が出されました。この長澤運輸訴訟では、会社を定年退職したドライバーがそのまま嘱託職員として有期雇用された際に、賃金の引き下げなど待遇が悪化したことへの是正を求めて提訴しました。最高裁判決では、再雇用後の賃金引下げは一定の範囲内であれば一般的であり、社会的に許容されるとしたものの、各手当については賃金項目の趣旨を個別に考慮すべきとされました。具体的には「精勤手当」など、正社員と非正規社員の間で差をつけることは不合理で許されないと判断されました。

そもそも労働契約に関する規定としては労働契約法という法律があり、この中で正社員と非正規社員との待遇格差はあってはならないと定められていますが、実際にはさまざまな手当の有無などで差をつけているケースが多いでしょう。前述の長澤運輸訴訟では定年退職後の賃金引下げは容認されるとされましたが、その下げ幅は 20% ならよくて 30% ならダメなのか、今後の判例の積み重ねや指針などで判断することになるでしょう。

なお、労働者の事情に合わせて、本人との合意のもと 1 週間の労働日数や 1 日の労働時間を減らすことは不合理な労働条件ではありません。また条件を見直すことを想定し、半年や 1 年間での有期雇用とすべきです。

2020 年 4 月（中小企業は 1 年遅れ）から「同一労働同一賃金」がスタートしていますので、各手当の支給基準は見直しておきましょう。

🔍 公的な支援策を有効活用する

現在、一定条件下かつ 65 歳までの期間限定ですが、60 歳時と比べて賃金が下がった場合、雇用保険から高年齢雇用継続給付が受けられます。

再雇用時に注意すべきポイント

 正規雇用 → 定年・継続雇用

✕ 不合理な待遇悪化は違反です
・通勤手当、精勤手当がなくなる
……など

労働者の事情を汲んだ労働条件の変更は OK
例）体力を考慮して、1週間の労働日を1日減らす

上記のような条件の見直しなどに
柔軟な対応ができるよう、
半年～1年程度の、短い期間での有期雇用契約
がおすすめです

条件付きですが、60歳時よりも賃金が下がった場合、
雇用保険から高年齢雇用継続給付が受け取れます

 「就業規則の超プロ」のアドバイス

**雇用保険の高年齢雇用継続給付などの
公的支援も活用しましょう。**

COLUMN
コラム

緊急事態に対応するために
整備しておきたい制度

2020年の幕開け早々、中国に端を発した新型コロナウイルス禍は、北海道の鈴木知事が異例の「緊急事態宣言」を出し、安倍総理が全国の小・中・高校の臨時休校を要請する事態にまで発展しました。

その際、日本たばこ産業(株)は社員に罹患者が出ていない段階で全従業員（契約社員など含む）を原則として在宅勤務とし、工場勤務などでやむを得ない場合はラッシュを避けて時差出勤するよう促したほか、国内外の出張は原則的に中止・延期し、研修や会議も自粛するほどの徹底した対策を講じました。

ここでいう「在宅勤務」とは企業に雇用されている労働者が勤務先に出社せず、自宅で情報通信機器を活用して働く勤務形態のことを指します。これとあわせてよく耳にする言葉に「リモートワーク」がありますが、これは情報通信技術(ICT)を活用した場所や時間にとらわれない柔軟な働き方のことで、勤務先以外のオフィススペースや顧客先、出張の移動中でもPCなどを使用して働くことです。「在宅勤務」はリモートワークの一形態ですが、働く際に他者との接触を低減できることから、感染症対策として有効な手段となるでしょう。この対策を講じるためには、制度目的、対象業務、対象者の範囲、在宅勤務方法（労働時間のカウントなど）等について事前に取り決め、就業規則に書き込んでおきましょう。

一方、物理的に勤務先でなければ仕事ができない職種もあります。この対策として満員電車を避けられる時差出勤が有効だと思われますが、そのためには事前にフレックスタイム制を導入しておきましょう。法改正による清算期間の延長で、非常事態への対応のみならず、通常時の業務対策としても使い勝手が向上しました。

Chapter **7**

賃金・手当・残業代・賞与・退職金のポイント

就業規則に不備があると、実態以上の残業代を支払わなければいけなくなるなど、お金を巡るトラブルが発生します。各種手当も、時代の変化にともなう見直しをおすすめします。

57 「基本給」を設定する

労働者の生活の基盤です

🔍 何を単位として支給するのか検討する

　正規雇用者でも有期労働契約者でもパートタイム労働者であっても、労働者にとって賃金は重要な生活の糧ですので、その支払いについては確実に実行されなければなりません。労働基準法は、①通貨払い、②直接払い、③全額払い、④毎月払い、⑤一定期日払いという賃金についての5原則を規定しています。

　賃金には時間給制、日給制、月給制、年俸制、出来高払制などさまざまな支払い形態があり、「正規雇用者は月給制でなければならない」という法律上の規定はありません。ですが一般的に、正規雇用者には月給制が多く採用されています。また法的な定義ではありませんが、月給制であっても欠勤した日や時間分を控除しない「完全月給制」もあれば、ノーワーク・ノーペイの原則に従って欠勤控除を行う「月給日給制」のような形態もあります。このうち出来高払制については一定の賃金額を保障せよという保障義務が法律上で課せられています。

　賃金の支払いベースをどの単位に置くのかは自由に決定できますが、最初に労働者と話し合って契約した内容を途中で勝手に変更することは不利益変更に該当する場合もありますので、安易に行えません。

🔍 年齢、能力、職務、業績・成果など、何を基本とすべきか

　賃金制度の根幹となる「基本給」は土台ですので、その基準をどこに置くのかは経営ビジョンによって変わるはずです。入社時からの年数や経験を勘案した「年齢ベース」、職務の遂行能力を基準として決める「職能ベース」、担当職務の難易度などを基準とする「職務ベース」など、自社の経営上で重視したい要素を見極めて設定しましょう。

自社に合った給与体系を設定する

5原則

① 通貨払い	② 直接払い
③ 全額払い	④ 毎月払い	⑤ 一定期日払い

形態

① 日給制　② 月給制　③ 年俸制　④ 出来高払制

何を重視するか

年齢	キャリア	スキル
業績	職能	役職

降給させるときの注意点

○ 労働契約時に定めた内容を途中で一方的に無断で変更することはできません

○ 就業規則に規定されていないのに降給させることはできません

○ 業績悪化や、当該労働者が会社に損害を与えたなど、
　相当の理由なしに降給させることはできません

「就業規則の超プロ」のアドバイス

各種手当の設定も考慮しながら、ベースとなる基本給の設定を考えましょう。

58 「各種手当」の設定をする

手当の意味をよく考える

🔍 取り外し可能なフレキシブルな設定とすべし

基本給をベースに労働基準法で定められている「時間外手当」や「休日手当」「深夜手当」（呼称はいろいろあり）に加えて、各企業が裁量で設定し、支給している各種手当をあわせて、毎月の賃金が構成されるのが一般的な賃金形態です。

手当の設定は奥深いものがあり、ここでは1つひとつを深掘りはしませんが、「役職手当」「資格手当」「家族手当」「通勤手当」「住宅手当」「皆勤手当」（精勤手当）「作業手当」「技能手当」「調整手当」「出向手当」「宿直手当」「地域手当」などさまざまあります。

これら手当は一度支給することにすれば、安易に外すことはできません（不利益変更になる場合があります）ので、その設定は慎重に行うべきです。しかし、例えば「役職手当」は該当する役職に就いた者が受けられる手当であり、仮に人事評価や懲戒によって降格された場合などは取り外すことができます。

🔍 属人的な手当について再考してみる

「住宅手当」は労働者本人のスキルなどに全く関係なく、単に個人的な事情に対して支給されている手当です。仮に借家住まいと実家住まいで支給条件が違うとなれば、なぜ差をつけることができるのかをよく検討すべきです。また「家族手当」も本人の能力とは関係ありません。支給対象が扶養親族（両親など）であれば、いつまで支給し続けるのか見通しが立ちません。もし支給するのであれば、例えば「こども手当」として満18歳の3月までという条件を付して支給することは、会社として子育て支援をしているとPRもできますので、一考に値するのではないでしょうか？

「手当」の設定は慎重に！

労働基準法で規定

時間外手当　休日手当　深夜手当

会社の裁量で設定

資格手当　家族手当　住宅手当

皆勤手当　作業手当　技能手当

調整手当　出向手当　宿直手当

（例）

基本給
通勤手当
時間外手当

＋

資格手当
家族手当

柔軟な設定を

一度支給した手当は、
安易に外すことができないので注意しましょう
（不利益変更に該当する可能性があります）

「就業規則の超プロ」のアドバイス

**形骸化している手当がある場合には、
思い切って内容を見直してみましょう。**

多くの企業で取り入れられている「通勤手当」

支給するならすべての労働者に

意外と気にしていない非課税枠の金額

　70ページでご紹介した2018年6月の同一労働同一賃金に関する判決のなかで、通勤手当は「通勤に要する交通費を補填する趣旨で支給されるものであり、労働契約に期間の定めがあるか否かによって通勤に要する費用が異なるものではない」という判決が出たことから、今後は正規雇用社員のみならず、すべての労働契約者について通勤手当の支給が進むものと思われますが、通勤手当の支給金額の設定については、意外に無頓着なままで放置されているケースが散見されます。一律に○○円としていたり、1kmあたり○○円と設定したり、あるいは上限を決めたなかで経営者が独断で金額を決めていたりという例もあります。

　通勤手当についても法的な決まり事はありませんので、支給する金額は自由に設定できるのですが、税法上の非課税限度額が決まっていますのでそれは考慮しておきましょう。

　例えば自動車を通勤に使用する場合には、その距離が2km未満（合理的な経路で算出）なら全額課税対象となり、それを超えてから10km未満までは4,200円までが非課税となります。交通機関または有料道路を利用する場合は150,000円までは非課税です（2019年1月現在）。

通勤手当の性格と事務処理

　通勤手当は属人的な手当であり、通勤にかかる経費の実費負担的な意味合いがありますが、それでも支給されれば賃金の一部として扱います。もし、出勤しない日には支給したくないのであれば、その旨は就業規則に記載しましょう。なお、割増賃金のベースからは除くことができます。

税法上の非課税限度額に注意

通勤手当

参照 70ページ
「同一労働同一賃金」
を考えるうえで
参考にしたい判決

・支給額は、会社が自由に設定できる
・支給・不支給を雇用形態によって変えることはできない
・一定額を超えると課税対象になる

―― 非課税制度限度額 ――

交通機関を利用している人に 支給する定期券		150,000円 / 月
有料道路を利用している人に 支給する通勤手当		150,000円 / 月
自転車や自動車を使用している人に 支給する通勤手当	片道2km 未満	全額課税
	片道2km以上 10km未満	4,200円 / 月

【規定例】 通勤手当

1. 会社は、全労働者に対して月額○○円までの範囲において、通勤にかかる費用を支給する。
（出勤しない日には支給しない場合）
2. 会社が定める出勤日のうち、出勤しなかった日については、通勤にかかる費用を支給しない。

「就業規則の超プロ」のアドバイス

出勤しない日には支給したくないのであれば、就業規則に明記しておきましょう。

60 今は該当者がいなくても設定すべき「役職手当」

労働者の目標にもなります

地位（役職）がつくるスキルアップ的な効果

　会社は集団行動によって仕事を遂行することが多いので、その組織やユニット、セクションごとに指揮命令系統を構築しているはずです。そして主任や係長、課長、部長、店長、工場長など、人数規模によって設定している数に差はあるにしても、担う役職・職位によって責任者が決められていることが多いことでしょう。そのポジションや責任の重さなどに応じて支払われているものが「役職手当」です。

　小人数の会社では「当社は役職者がいないので手当は設定していません」という場合もあるでしょう。しかし、仮に今現在はポジションに値する人材がいなくても、将来、その職責を担う人材が育つ（育てることができる）かもしれません。また地位が人をつくることもあり、見込みある者を昇格させるとそれをきっかけに力を発揮してくれることもあります。もし力不足で降格させていたとしても、教育して、再度、チャレンジさせればいいのです。その際は「役職手当」を付けたり、外したりして、フレキシブルに活用しましょう。

金額設定は自由でも管理監督者とするには高いハードルあり

　「役職手当」も法律上の定義はありませんので、どんな役職者にどれくらい手当を支給するのかは会社の自由ですが、役職の責任にふさわしい金額を設定しましょう。

　なお、管理監督者として残業代の支払い対象者から外す場合は、かなり高いハードルがありますので注意が必要です。

役職手当が人を育てる

役職手当のメリット

□該当する役職に就いた者が受けられる手当なので、仮に人事評価や懲戒によって降格された場合などは取り外すことができる

フレキシブルな手当！

□将来を嘱望される社員の育成や、モチベーションアップにつながる

立場が人を育むことも

役職手当の金額設定は会社の自由ですが、役職の責任にふさわしい金額設定にしましょう

【規定例】 役職手当

1. 役職手当を、以下の役職に就く者に対して支給する。
   部長　月額○○円
   課長　月額○○円
   係長　月額○○円

2. 昇格した場合、発令日を含む月から支給する。この場合、当該月には以前に属していた役職手当は支給しない。

3. 降格した場合、発令日を含む月の翌月から役職手当を支給する。

「就業規則の超プロ」のアドバイス

役職手当でスキルアップも期待できるので、うまく活用しましょう。

61 時代の変化にともなって 「手当」を見直す

共感を得やすい手当に

🔍 属人的な手当の筆頭格

138 ページでも少し触れましたが、扶養する家族がいる人に支給されるのが「家族手当」です。本項では、もう少し深掘りしてみます。

この手当も法律上の決め事はありませんので、誰を扶養している場合にどのくらいの金額でいつまで支給するのかは企業の自由判断です。

かつて人材マネジメントにおいて一世を風靡した「成果主義」は、昇進や昇給の基準について、その人の実力、仕事の成果、成績によって評価をするというシステムですが、その特徴の一つに属人的な要素を排除するという要素があります。その標的として「家族手当」を廃止するケースが散見されました。

たしかに配偶者や子ども、親や親族など、扶養する家族を持つ人を支援できる反面、独身でひとり暮らしをしている人や共働きで支給の対象外となっている人たちが不公平さを感じる場合も多いでしょう。また一方、税法上の配偶者控除の変更により、女性の社会進出が増えることも予見され、支給対象から外れる人が多くなるかもしれません。そうであれば、社会情勢に合致した内容に見直してみるのも一考です。

🔍 外せる条件を付しておくと便利で公平性も高められる

会社が何に対して手当を手厚く支給するのかは労務対策としても重要です。少子化対策・支援として「こども手当」に衣替えすることは、子育て世代の応援としても効果的ですし、独身者や子育てを終えた世代の社員からも共感を得やすいと思われます。一定年齢（満 18 歳の 3 月までなど）で外せるようにすれば負担感も軽減します。

📍「手当」は社会情勢に合った内容に

家族手当 ……属人的な手当の代表格

> 独身者、共働き世帯にとって不公平感？
> 女性の社会進出が進む社会にそぐわない？

➡ **こども手当** 理解も得やすく、
会社の PR にもなる！

【規定例】 その他手当

〈家族手当〉
家族手当は、次の家族を扶養する労働者に対して支給する。
①配偶者　　　　　　　１人あたり月額〇〇円
②18 歳未満の子　　　１人あたり月額〇〇円
③65 歳以上の父母　　１人あたり月額〇〇円

〈こども手当〉
1. こども手当は、次の家族を扶養する労働者に対して支給する。
　 18 歳未満の子　１人あたり月額〇〇円
2. この手当は、満 18 歳に達した以後の学年末（3 月末）まで支給
　 する。

こんな設定方法も→
□配偶者手当に年収制限を設ける
□父母について、同居・非同居で支給額を変える

「就業規則の超プロ」のアドバイス

社会や会社の状況に合わせて、柔軟に見直しましょう。

「時間外労働の割増賃金」とは？

「法定労働時間」を超えて働かせることは違法

🔍 1週間40時間、1日8時間という法定時間の順序を知る

労働基準法32条には労働時間の上限について、第1項で1週間につき40時間、第2項で1日につき8時間を超えて働かせてはならないと定められています。一般的な表現は1日8時間、1週間40時間（10人未満の商業など一定業種については44時間）となっていることが多いですが、まず1週間の上限が決まっていて、次に1日の上限が決まっています。

これが「法定労働時間」であり、この時間を超えて働かせると法律上の割増賃金が必要となります。たまに混同されている経営者さんから質問を受けるのですが、例えば自社の労働時間が9時から17時30分（休憩60分）までだとしたら、7時間30分の労働時間は「所定労働時間」となります。

では、割増賃金を支払わなくてはならない「時間外労働」とは、どちらの"労働時間を超えた"部分を指すのでしょうか？ これは各社ごとに設定することができます。法律上は「法定労働時間」を超えた部分を割り増ししますが、「所定労働時間」を超えた部分を割り増しして支払っても、もちろんよいです。ただし、どちらの労働時間が対象かは明確にしましょう。

そもそも「法定労働時間」を超えて働かせることは違法です。しかし、労働基準法36条の「時間外・休日労働に関する協定届」を労使協定して労働基準監督署に届ければ罰せられることはありません（これを「免罰効果」といいます。残業や休日出勤させる場合は必ず提出しましょう）。

🔍 中小企業の猶予措置は働き方改革の成立によって遂に廃止へ

長時間残業の抑止という観点から、時間外労働が月に60時間を超えた場合、本来の割増率にさらに25％が加算されていますが、中小企業の猶予措置が2023年3月に廃止されますので、留意しましょう。

割増賃金の猶予措置も廃止されます

原則として、1週間40時間&1日8時間が法定労働時間の上限です

40時間
1週間の法定労働時間

1週間

「36協定」の締結・提出により、法定労働時間を超えて働かせることができる

1日

8時間
（法定された労働時間の上限）
1日の法定労働時間

7.5時間
（7.5時間は例。就業規則などで定められた会社の労働時間）
1日の所定労働時間

どちらを超えた分が「時間外労働」に該当するかは会社が自由に設定できますが、必ず明記しておきましょう

時間外労働　割増賃金の割増率

	大企業	中小企業
月60時間まで	25%	25%
月60時間以上	50%	25%

現在は中小企業に猶予措置が施されていますが、2023年4月からは大企業同様50%となります！

「就業規則の超プロ」のアドバイス

1カ月の時間外労働の合計が30分未満であれば、切り捨てることができます。

63 「固定残業手当」の設定における注意事項

設定時間を超えた分は差額支給

🔍 固定残業手当についての基礎知識

　時間外労働をさせた場合、その部分について割増賃金を支払わなくてはなりませんが、その有無や長短にかかわらず、毎月一定金額を見込みの残業代として支払う制度のことを「固定残業手当」といいます。「みなし残業代」「定額残業代」とも呼ばれています。一定の要件を満たしていれば、適法で有効な制度ですが誤った運用が行われていることもあります。

　この制度を導入する際は「○○円で何時間分の残業代」を支給するのかはっきり明示しなくてはなりません。これが明確でない場合、残業代として認められないことがあります。あわせて就業規則などの書面に規定を記載しておく必要があります。

　なお、働き方改革で労働時間の上限が法定されましたので、残業時間設定は45時間以内を意識しましょう。

🔍 設定時間を超えて残業させた場合

　まったく残業をしていない月でも「固定残業手当」が支給されるので、設定時間内であれば、労働者が受け取る賃金総額には変動はありません。しかし、これを超えた場合には、別途、その超えた労働時間の分の残業手当を支給しなくてはなりません。どうしても経営者側には「残業代は払っている」という意識が働くので、差額を払わないでいるケースが散見されますが、これを行っていない場合は不当な運用として違反になります。

　このほか設定した金額を時給換算した場合に最低賃金を下回ることはできませんし、労働者に周知していなければなりません。また現状の支給総額を変えずに導入する際は不利益変更に該当しますので注意しましょう。

「固定」でも時間管理は必須です

固定残業手当を導入する際の注意点

① 雇用契約書や就業規則等にて固定残業手当を明記しておく

② 通常の賃金と時間外労働の割増賃金を明確に区別しておく

③ 設定した時間外労働の時間を超過した場合には、
　不足した分の割増賃金を支払う

④ 固定残業手当を差し引いた基本給ベースで計算した場合に、
　最低賃金を下回らないこと

⑤ 基礎となる残業時間設定について、過度な時間としないこと

| 9:00 | | 17:00 | 18:00 | xx:00 |

固定分を超えて残業した場合はさらに割増賃金を支給

固定残業手当分（残業せずに終業しても支給）

【規定例】　固定残業手当

1. 会社が必要と認めた者に支給するものとする。
2. 支給額は、1カ月の所定外労働○○時間に対する割増賃金とする。
　なお、法定休日・深夜労働に対する割増賃金は含めないものとする。
3. 所定外労働が1カ月○○時間を超えた場合には、超過分の割増賃金を支給する。
4. 固定残業手当の算定は、労働者それぞれについて行い、書面で明示する。

「就業規則の超プロ」のアドバイス

自社にとって必要な制度なのか よく検討してから導入しましょう。

64 「深夜労働」や「休日労働」の割増賃金の注意点

深夜や休日に働かせた事実に対して支払うもの

🔍 深夜残業で定義される時間帯を正しく知る

労働基準法において、深夜時間帯に労働させた時には割増賃金を支払わなくてはならないと明記されています。この深夜の時間帯とは22時から5時までのことであり、その割増率は25％以上となっています。

これは単純にその時間帯に働かせた際に付加されるものであり、仮に時間外労働が深夜時間帯に食い込んでしまった場合には、時間外割増（25％）に深夜割増（25％）が加算され、合計で50％増しとなります。

🔍 管理監督者は、深夜残業の割増が適用されない？

前述した会社の管理監督者については、労働基準法で「労働時間、休憩、休日に関する事項は適用しない」とされており、時間外労働の割増賃金の支払いは不要となっていますが、深夜労働の割増賃金は必要です。

🔍 法定休日における労働と休日における労働の違い

また、法定休日に労働させたときには、35％以上の割増率が必要です。法定休日以外の休日に労働させたときは、25％以上の割増率でよいことになります。また、代休（法定休日に労働した後、他の労働日と振り替えて休んだ場合）は、35％以上の割増分のみ支払います。

🔍 固定残業手当との関係性

前項で見た「固定残業手当」を採用する場合には、その手当の金額の中に、深夜割増や休日労働割増も組み入れている場合には、その内容をはっきりと明示しましょう。

残業でなくても割増賃金が必要です

深夜時間

22 時〜5 時
割増率: 25%以上

法定休日

割増率: 35%以上

法定休日
以外の休日

割増率: 25%以上

法定休日に深夜労働をした場合
深夜労働25%以上＋法定休日35%以上
＝60%以上の割増賃金が必要

割増率と手当

割増率を乗じる手当	割増率を乗じない手当
役職手当　精勤手当	通勤手当　住宅手当
技能手当　資格手当	家族手当　臨時賃金

「就業規則の超プロ」のアドバイス

法定休日と法定休日以外の休日の労働は、
割増率が違いますので注意しましょう。

「賞与」の考え方と
在籍基準

自由に設定できる賞与を効果的に活用するべし

🔍 賞与の支給に対する基本的な考え方

多くの会社で夏や冬に支給している「賞与」ですが、法律上の定義はありません。ただし、通達で「定期または臨時に、原則として労働者の勤務成績に応じて支給されるものであって、その支給額が予め確定されていないもの」とされています。これに当てはまるならば、夏季手当、冬季手当、決算手当、ボーナスなど呼び方はいろいろでも、「賞与」というカテゴリーに入ります（厚生年金や健康保険法上は、3カ月を超える期間ごとに支払われるものは賞与とされます。なお、年4回以上支給されるものは賞与ではありません）。

法律上の定義がないのですから、その支給方法や金額については経営者が自由に設定することができますが、能力評価を行うことや目標の達成度合いを評価することで決定するべきです。これは個人別だけでなく、組織単位での結果を評価することもあると思います。

いずれにしても、**賞与の原資は会社の利益配分ですから、個人の働きに報いつつ、社員間の公平感とモチベーションアップにつながるような支給を検討しましょう**。また有給休暇や産前産後休暇など、法律上の権利を行使したことを理由に不利益に扱うことはできませんので注意しましょう。

🔍 支給算定期間と支給日在籍基準

夏季や冬季に支給するにあたり算定期間を定める場合があるでしょう。例えば1月から6月の算定期間分については8月に支給するなどです。この場合、支給日前に離職した者から算定期間分の賞与の支給を求められるケースがあります。これを回避するために**「賞与支給日に在籍しない者には賞与を支給しない」という支給日在籍基準を規則に書き込みましょう**。

賞与支給のポイント

☐ いつ支給するのか?
☐ 誰に支給するのか?
☐ 金額はいくらにするのか?

▶ 社員間の公平感や
モチベーションアップも
考慮して決めましょう

注意・検討しておくべき事項

① 在籍日基準

支給日に在籍している人
しか支給しない

② 社会保険上の扱い

厚生年金や健康保険上で
対象金額が変わる場合あり

③ 不利益な扱いの禁止

有給や産前産後休暇
取得者を差別しない

【規定例】 賞与

1. 賞与は、原則として、下記の算定対象期間に在籍した労働者に対
し、会社の業績等を勘案して下記の支給日に支給する。ただし、
会社の業績の著しい低下その他やむを得ない事由により、支給時
期を延期または支給しないことがある。

算定対象期間
夏季　○月○日から○月○日まで
冬季　○月○日から○月○日まで
支給日　○月○日

2. 前項の賞与の額 は、会社の業績及び労働者の勤務成績などを考
慮して各人ごとに決定する。

「就業規則の超プロ」のアドバイス

算定期間や支給日在籍基準など、
必ず就業規則に記載しておきましょう。

66 「非正規雇用社員」への賞与の支給について

正規・非正規を問わず能力評価して支給しましょう

🔍 同一労働同一賃金との整合性を考える

就業規則には、その規則が誰に適用されるのかを明示することが絶対に必要です。これが不明確であれば、正規雇用労働者以外についても等しく適用されることとなり、本来は意図していなかったパートタイム労働者等について、賞与や退職金の支払いが必要になることもあり得ます。

これまでは賞与の支給については一般的に正規雇用者のみとして、パートタイム労働者等には不支給だったり、支給されても一律定額というケースなどが多かったと思われます。

しかし、働き方改革の成立によって中小企業では 2021 年 4 月から同一労働同一賃金が導入されます。まだまだ判例が少ないので、どこまでが同一賃金とされるか判然としない部分がありますが、**少なからず雇用条件の違いだけで差別することは難しくなる**と思われます。今後は評価制度を取り入れて、正規雇用者もパートタイム労働者も区別なく、例えば A 評価の人は 2 カ月分、B 評価の人は 1.5 カ月分支給など、本人の能力に応じた処遇を行うよう改定することになると予見されます。この際、正規雇用者は基本給ベースで計算、パートタイム労働者は平均賃金で計算するなど、その職責に応じた合理的な理由によって支給ベースに差をつけることは可能であろうと思われます。

🔍 パートタイム労働者への賞与支給と扶養範囲

パートタイム労働者の場合、配偶者の扶養の範囲内での労働を希望するケースがあります。税法改正などで変動することもありますが、同一賃金という考え方から賞与をアプローチした場合、年収ベースで検討しなくてはならず、毎月の労働時間の再考が必要になることもあり得るでしょう。

雇用形態で支給の有無を決めない

同一労働同一賃金 との整合性に注意

同じ能力なら、
男女、正規・非正規も関係なく**同じ待遇に**

賞与アリ 　賞与ナシ

正規雇用者　　非正規雇用者

正規雇用者　　非正規雇用者

賞与支給についても、不合理な待遇差はつけない!

「就業規則の超プロ」のアドバイス

扶養範囲内で働きたいパートタイマーに支給する場合、年収額に注意しましょう。

67 「退職金」は本当に足りていますか？

会社の隠れた債務かもしれない

🔍 自社内で積み立てを行っている場合の注意事項

　終身雇用制度が会社を支えていた時代が変わり、人材の流動化が進むようになった現在、長年の勤続に報いるために用意された退職金を廃止したり、そもそも退職金の設定をしない新設会社も増えています。

　退職金についても法律上の定めはありませんので、支給の有無も含めて自由に設定できます。勤続年数に係数を乗じて退職金額を計算する制度もあれば、定額の一律支給であるかもしれません。制度の設計はさまざまでしょうが、必ず注意しなくてはならない重要なポイントがあります。それは退職金規定と積立制度がきちんとリンクしているかの確認です。

　例えば1人あたり100万円を一律支給するという制度であるならば、在籍している社員数に100万円を乗じれば必要となる退職金総額がわかります。しかし、勤続年数に係数等を乗じる制度などでは、仮に今、全員が退職した場合に退職金の総額がどのくらいになるのか、計算してみなければわからないという場合もあります。一度退職金を規定した以上は、労働債権となりますので「積立不足だから支給できません」は通用しません。特に制度設計してから年数が経過していたり、生命保険などで運用している場合には高利率だった頃の設定のままで放置され、実際は積立不足に陥っているケースも散見されますので、制度を見直してみましょう。

🔍 公的支援を活用した退職金制度づくり

　「中小企業退職金共済制度」は、中小企業の従業員のために創設された制度であり、国からの一定額の助成も受けられますので、これから制度を導入する際には有効な選択肢の一つとして検討に値します。

積立制度を再確認しておく

【規定例】 退職金

1. 勤続○○年以上の労働者が退職あるいは解雇されたときは、退職金を支給する。ただし、自己都合による退職者で、勤続○年未満の者には退職金を支給しない。また、懲戒解雇された者には退職金の全部または一部を支給しないことがある。
2. 継続雇用制度の対象者については、定年時に退職金を支給し、再雇用については退職金を支給しない。
3. 退職金は、退職日または解雇日から○カ月以内に、退職した労働者（労働者死亡の場合、その遺族）に対して支払う。

退職金に関わるさまざまな制度

制度名称		中小企業退職金共済制度	確定給付企業年金制度	確定拠出年金制度
加入対象		中小企業事業所に使用される従業員	厚生年金適用事業所に使用される従業員	厚生年金運用事業所に使用される60歳未満の従業員
掛金		全額事業主負担	全額事業主負担（一部加入者負担も可）	全額事業主負担（一部加入者負担も可）
資産運用		機構が行う	信託会社、生命保険会社等	信託会社、生命保険会社等、加入者が運用指示を行う
給付	給付額	従業員ごとに掛金月額を設定し、掛金納付月数により給付額が算定される	加入者の給付等及び加入者期間により給付額が算定される	従業員ごとに拠出された掛金の運用実績により給付額が算定される
	開始時・期間	【開始時】企業からの退職時【期間】一時金または分割払い（5年または10年）	【開始時】規約規定で定める年齢【期間】年金（終身または5年以上）	【開始時】60歳【期間】年金（原則として5年以上）（規約により一時金可）
税制	掛金	【事業主】　全額損金	【事業主】　全額損金【本人】　生命保険料控除	【事業主】　全額損金【本人】小規模企業共済等掛金控除
	給付	【一時金払】退職所得課税【分割払】雑所得課税（公的年金等控除適用）	【年金】雑所得課税（公的年金等控除適用）【一時金】退職所得課税	【年金】雑所得課税（公的年金等控除適用）【一時金】退職所得課税

「就業規則の超プロ」のアドバイス

退職金は労働債権ですので、積立不足を理由に支給しないということはできません。

「退職功労金」で報いることも一考です

退職金は払えなくても……

🔍 退職金制度によらない慰労金とは

退職金は定めをしたならば就業規則に規定しなければならず、それは規則が該当する者には等しく適用されなければなりません。恣意的な支給・不支給はできません。ただし、懲戒規定に該当した場合の不支給や自己都合退職による減額などについては、各社で自由に設定することは可能です。

現状、1つの会社で定年まで勤めあげるという働き方は少なくなりつつあるのかもしれませんが、優秀な社員をつなぎとめるという効用はまだまだあると思われますので、退職時の労を労う制度を完全に廃止することが妙手とは限らないでしょう。

その際、該当者に等しく適用される退職金規定とは違い、功労のあった者に対して慰労金を支払う制度を設定することは一考に値するはずです。これは一律支給ではなく、経営者の裁量によって判断するように設定しておくことが肝要で、その計算方法や支給額について、機械的に設定してしまうと退職金扱いとされる場合がありますので、退職者から請求されてしまうことも想定されます。あくまでもそれぞれの退職者の功労に応じて、その都度、支給の有無や金額を検討するように設定するといいでしょう。

🔍 規程における注意事項

この退職功労金についても、支給するように決めたなら就業規則に記載します。もとより退職金規程があるなら、その一部に書き加えましょう。退職金自体を設定していない場合には、功労金の条文を作成します。その際、金額については明示をせずに、その都度、決定された金額が支給できるようにしておきましょう。

退職金より都合がいい？

退職金	全該当者に等しい適用 恣意的な支給・不支給は不可

退職 功労金	功労のあった労働者だけに 支給することができる 支給額もその都度自由に設定できる

一律支給？

金額設定
の有無は？

税法上の
取り扱いは？

注意点

・支給額の計算方法や設定を機械的に設定すると、
　退職金として扱われてしまい、退職者から請求されるケースもある
・就業規則に記載する際は、金額の明示はせず都度決めるようにする

【規定例】　退職功労金

①退職金の上積み型
　１．在職中、特に功労があったと認められる社員に対して、退職
　　　金に特別功労金を加算して支給することがある。
　２．支給額は、その都度その功労の程度を勘案して定める。

②退職金がない場合の単独型
　１．在職中、特に功労があったと認められる社員に対して、退職
　　　時に特別功労金を支給することがある。
　２．支給額は、その都度その功労の程度を勘案して定める。

「就業規則の超プロ」のアドバイス

**一律支給や、決まった金額を支給する場合
は、税法上で有利な退職金にすべきです。**

会社を滅ぼす !?
未払い残業代はありませんか？

　　近年、賃金未払いに絡んだトラブル事案の相談が増えており、特に「残業代の請求に関し、弁護士さんから受任通知が来たけど、どうしたらいいでしょう？」というケースが多くなっています。

　本書でもすでに触れましたが、労働基準法で決められている「法定労働時間」を超えて働かせると法律上の割増賃金が必要となります。加えて休日や深夜の労働にも割増賃金の支払いが必須です。

　これを認識しつつ、あえて支払わない遵法精神のない経営者も一部存在しますが、理解不足から結果的に未払いになるケースもあります。例えば1日分の残業のカウントを30分未満で切り捨てたり、そもそも所定労働時間と法定労働時間を混同していたりということもあります。しかし、認識不足で未払い状態になってしまったからといって残業代を支払わなくてもよいということにはなりません。

　2020年4月の民法改正に併せ、これまで2年間とされてきた賃金請求権の消滅時効が当面の間3年間に、最終的には一般債権と同じく5年間に延長されますので、未払い残業代が請求されるケースは増加するでしょう。

　仮に1時間の単価が1,500円、1カ月20日出勤する労働者につき1日20分の未払い賃金があった場合、1年間では約15万円（遅延損害金などは未考慮）の未払い賃金が発生しています。これに複数の労働者が該当するとなれば、その未払い額は経営基盤に影響を及ぼす程度のものになる恐れがあります。始業時間前の朝礼や準備などは労働時間内に移行し、残業する際は事前の申請制として必要性の有無を確認しましょう。これらは就業規則に書き記したうえで、あわせて業務効率や作業分担の見直しを進めることをおすすめします。

Chapter **8**

表彰・懲戒の
ポイント

社員のモチベーションを高める表彰制度と、過ちを犯した社員に対する罰則について見ていきましょう。SNS 全盛期だけに、罰則規定には幅を持たせる必要があります。

「表彰制度」を規定すべき理由とは？

金銭だけでなくユニークな発想もOK

🔍 小さな表彰でも社員のモチベーションはアップする

　学生時代はともかく、社会人となって働くなかで、何らかの「表彰」を受けることは、そうそう多いことではないと思われます。

　不振だった部門を黒字化して立ち直らせたとか、画期的で効率の良い作業方法を確立させたとか、営業職で1位の売上を達成したとか、そんな輝ける功績での表彰でなくとも、月間の仕事のミスが少なかったとか、お客様からお褒めの声をかけられたとか、そんな事柄であっても評価の対象となり、**認められた証しとして表彰されたのであれば、嫌な気分になる人は少ないでしょう**。それは明日以降のモチベーションアップにつながるはずであり、私が「表彰」を規定すべきと考える理由はそこにあります。

　仕事の成果はあくまでも評価として行いつつ、例えばチャレンジングなアプローチを試みた社員を表彰すれば、仕事の評価とはまたひと味違った名誉として、本人も受け取ってくれるのではないでしょうか？

　実際、仕事で大きな失敗をしてしまった社員を表彰するユニークな制度や社長さんから仕事ぶりを称えるメールが社員宛に直接届く制度、日頃の感謝の気持ちをポイントとして相手に伝え、それが多かった部門を表彰する制度など、さまざまに工夫した表彰制度を設けている企業もあるようです。

🔍 金銭や記念品でなくても効果あり

　表彰の品として、金一封や記念品などを配ることもありますが、仮にそれが賞状1枚だけだったとしても効果はあるはずです。

　仕事上で「こうしてほしい」、「こうしてほしくない」という項目を検討し、それに該当する表彰制度をぜひ設けてみましょう。

表彰は会社を活性化する

表彰制度の効用

☐ 他の社員が目標とすべき人物像が、リアルな
実像として理解しやすくなる

☐ 結果のみならずプロセスの評価を行えば、会社が
評価したいポイントを明確に伝えることができる

☐ 全社的な表彰だけでなく、課や部署ごとに設定
すれば、柔軟性のある評価を実施することができる

**業績とは無関係な
ことであっても……**

◎お客さまからの評判がとても良い

◎チャレンジ精神で仕事に取り組む

◎いつも仕事仲間から感謝される

**会社として取り組んでほしいことを
設定することで社員教育につながる！**

金一封でなくても……

商品券　旅行券　物品

特製社員バッジ　特製名刺

福利厚生制度で利用できるポイント

特別休暇　など

【規定例】　表彰制度

1. 労働者が次のいずれかに該当した場合、会社が表彰することが
ある。
　①業務成績が優秀で、模範であると認められたとき
　②業務上有益な発明、考案を行ったとき
　③社会的功績によって、会社および労働者の名誉となったとき
　④災害等非常事態において、特筆する功績があったとき
　⑤永年にわたって無事故で勤務を継続したとき
2. 表彰者には、表彰状と併せて、賞金または賞品を授与する。

「就業規則の超プロ」のアドバイス

必須条件ではないですが、些少でも
金銭的な対価を添えるのは良いでしょう。

70 「社員の発明」について規定をしておく

無用なトラブルを防ぐために

🔍 会社への貢献に対する正当な対価を設定する

　時折、社員の発明した特許について会社と争っているといった報道が流れることがありますが、法律上どんな定めがあるのでしょうか？

　企業や研究機関等（使用者）の社員や役員等（従業者）が職務上での発明（職務発明）を行ったことに関する権利関係や経済上の利益の取り扱いについては、「特許法」にその定めがあります。これは「**職務発明**」というもので、使用者の利益と従業者の利益とを調整して、従業者の権利を保護し、その発明に対するインセンティブを与えるとともに、使用者に研究開発投資を促すことを目的としています。なお発明については大きく3種類あり、上記の「職務発明」のほかに、その性質上使用者等に属しないものや発明に至った行為が現在や過去の職務に属さないものは「自由発明」、使用者の業務範囲に属する発明で職務発明を除いた発明は「業務発明」とされます。

　この特許法は2015年に改正が行われ、使用者が契約書や就業規則等にあらかじめ定めることによって、「職務発明」についての特許を受ける権利を「職務発明」が完成した時点で取得できることになりました。これは原始的帰属と呼ばれ、契約や就業規則等にあらかじめ定めているなら、最初から使用者に帰属します。一方、従業者側は権利を使用者に取得させた際に、金銭的な受益のみならず、経済上の利益を受けることができるようになりました。

🔍 発明に関するルールは別規程で作成しましょう

　すべての企業に必要とは限りませんが、発明に関するルールについては「**職務発明規程**」として別規程で作成しておきましょう。

「職務発明規程」を定めておく

職務発明
自由発明
業務発明

2015年　特許法改正
就業規則にあらかじめ定めていれば、
職務発明が完成した時点で
特許を受ける権利を取得できるように

利益調整

使用者 ← 特許　　インセンティブ → **労働（発明）者**
← 権利　　研究・開発資金 →

【規程例】　職務発明

1. この規程は会社において労働者が行った職務発明の取扱いについて、必要な事項を定めるものとする。
2. この規程において「職務発明」とは、その性質上会社の業務範囲に属し、かつ労働者がこれをするに至った行為が会社における現在又は過去の職務範囲に属する発明をいう。
3. 会社の業務範囲に属する発明を行った労働者は、速やかに発明届を作成し、所属長を経由して会社に届け出なければならない。
4. 前項の発明が2人以上の者によって共同でなされたものであるときは、前項の発明届を連名で作成するとともに、各発明者が当該発明の完成に寄与した程度（寄与率）を記入するものとする。

「就業規則の超プロ」のアドバイス

トラブルにならないように、別規程で作成することをおすすめします。

「懲戒規定」を設定して、強い会社をつくる

締めるべきところは締める

🔍 社員に何をされたら困るのか、しっかり検討すべし

就業規則を作成する際、社員について「性善説」か「性悪説」かどちらの視点で考えるべきなのか……という話を耳にすることがありますが、実際はそんな二極論でなく、任せるところは任せて、締めるべきところは締めるというアプローチでいいのではないかと私は考えています。

そういった意味において「懲戒規定」は締めるべき部分の最たるものですが、法律がなければ犯罪として処罰できないのと同じで、企業秩序を乱した者に対する規定がなければ処分はできません。会社として「何をされたら困る」のか、しっかり考慮して内容を検討しましょう。

まず、検討すべきことは懲戒の種類です。社員に「困ること」をされたとき、どんなペナルティを与えるのかを考えます。一般的には注意レベルの「訓告」や始末書を書かせて将来を戒める「けん責」、本来は支給すべき賃金の一部をカットする「減給」、会社への一定期間の出勤を禁止する「出勤停止」、役職者における当該職務はく奪や等級の引き下げである「降格」、処分の中では一番重く、使用者が一方的に労働契約を解消する「懲戒解雇」、また、その内容について労働者と話し合い、退職金支給などについて一定の配慮を与える「諭旨解雇」などがあります。

🔍 懲戒に関する法的なルールについて

懲戒処分を行う際は就業規則に定めがあることはもちろん、処分が「客観的に合理的である」ことや「処分内容が相当であること」も求められます。また「減給」には1回の金額が平均賃金の1日分の半分を超え、総額が一賃金支払期の総額の十分の一を超えてはならないという法的なルールがあります。減額できない残余は翌月に繰り越せますが注意しましょう。

懲戒の種類のポイント

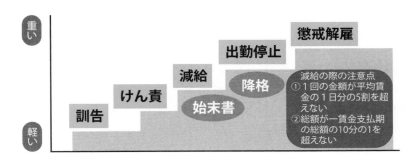

重い

軽い

懲戒解雇

出勤停止

減給

降格

けん責

始末書

訓告

減給の際の注意点
①1回の金額が平均賃金の1日分の5割を超えない
②総額が一賃金支払期の総額の10分の1を超えない

【規定例】 懲戒（懲戒の種類）

1. 会社は、就業規則およびその他会社が定めた規則に違反した労働者に対して、その情状に応じて次の区分により懲戒を行う。

①訓戒　：文書または口頭による厳重注意をし、将来を戒める

②けん責：始末書を提出させ、将来を戒める

③減給　：始末書を提出させ、減給する。減給は1回の額が平均賃金の1日分の5割、総額が一賃金支払期における賃金総額の1割を超えない範囲で行う

④出勤停止：始末書を提出させ、○日間以内の出勤を停止する。その間の賃金は支払わない

⑤降格　：始末書を提出させ、役職を引き下げる。それに伴って労働条件も変更する

⑥懲戒解雇：予告期間を設けずに、即時解雇する。この場合、所轄労働基準監督署長の解雇予告除外認定を受けたときは、解雇予告手当を支給しない

「就業規則の超プロ」のアドバイス

不祥事には処罰で対応する一方、教育をして再発防止に取り組むことも大切です。

72 懲戒規定は個別具体的にわかりやすく表現する

イメージできる言葉で書く

🔍 表記する内容は具体的で理解しやすさを心がける

懲戒規定については基本的に会社の考えで決定することができますが、懲戒が適用される具体的な事由は就業規則に明示されており、かつ労働者に周知されていなければなりません。その際の表現方法は、労働者が理解しやすいように留意するべきです。

例えば、懲戒の対象となる行為が「無断欠勤をしたとき」という表現の場合、ほとんどの人は理解できるでしょう。また「刑事事件で有罪となったとき」というのも同様だと思われます。

これらが「けん責」なのか「降格」なのか、「諭旨解雇」か「懲戒解雇」にあたるのかは、当該懲戒が「当該懲戒に係る労働者の行為の性質および態様その他の事情に照らして、客観的に合理的な理由を欠き、社会通念上相当」で判断されるべきであると労働契約法上からは解釈できます。

では「公序良俗に反したとき」と書いてあったらどうでしょう？ 何度もお伝えしているように、この違反はどんな行為が該当するかすぐ頭に浮かぶ人は少ないでしょう。民法90条にある規定ではありますが、具体的には何を指すのかまでは例示されておらず、判例も幅広くさまざまです。「会社の許可なく業務時間中に携帯端末を操作してはならない」などと具体的に表現しましょう。

🔍 考えられる項目は、できるだけ数多く列挙する

またこれら規定は考えられる項目をできるだけ数多く列挙すべきです。「これくらいは一般常識としてわかっているだろう」という思い込みはトラブルの原因となります。曖昧さは残さずに「これをやってもらったら困る」ことがあるならば、わかりやすく細かく例示しておきましょう。

 懲戒の規定例

【規定例】　懲戒（事由）

1. 労働者が次のいずれかに該当するときは、情状に応じ、けん責、減給又は出勤停止とする。ただし、行為の程度によっては第2項に定める懲戒解雇とすることがある。
   ① 正当な理由なく無断欠勤が○日以上に及ぶとき
   ② 災害や事故を発生させ、会社に損害を与えたとき
   ③ 就業規則または、その他会社の定める規則を抵触したとき
   ④ 素行不良で社内の秩序及び風紀を乱したとき
   ⑤ ハラスメント行為を行ったとき

2. 労働者が次のいずれかに該当するときは、懲戒解雇とする。ただし、平素の服務態度その他情状によっては、普通解雇、減給又は出勤停止とすることがある。
   ① 採用の判断にかかわる経歴や資格を詐称していたことが判明したとき
   ② 正当な理由なく無断でしばしば遅刻、早退又は欠勤を繰り返し、○回にわたって注意を受けても改めなかったとき
   ③ 刑事事件で有罪判決を受けたとき
   ④ 前項に定める事項のうち、その行為の程度が重いとき
   ⑤ 懲戒処分を複数回受けたものの、改善の見込みがないとき
   ⑥ ………… （以降具体的な事例を列挙していく）…………
   ⑦ ………

3. 労働者が懲戒処分を受けたあと、重ねて懲戒に該当する行為をした場合、または同時に複数の懲戒に該当する行為をした場合は、懲戒処分を重くすることができる。

「就業規則の超プロ」のアドバイス

禁止事項について、曖昧さは残さずに、ハッキリ細かく例示しておきましょう。

73 弁明と教育の機会は 与えよう

冷静な判断をするために

🔍 一方的な判断はトラブルのもと

　就業規則に規定を設けたとしても、懲戒処分を行う際には、本人に弁明の機会を与えなければなりません。一方的な判断ですべて会社の思う通りに処分してしまうと、後々、懲戒権の乱用としてその処分が無効とされる場合もあり得るからです。

　懲戒処分を下すのも、本人からの弁明を聴取するのも、経営者が単独で行って構わないのですが、恣意的な判断を排し客観的な見方を担保するためにも、経営者以下、複数の委員で構成する**懲戒委員会**（懲罰委員会や賞罰委員会とも呼ばれます）の設置をおすすめします。より公平さが増して合理的な判断ができるはずです。その際、懲戒委員会のメンバーを誰にするのか、その役割は弁明を聴取するだけなのか、懲戒処分への意見具申をするのか、もしくは処分決定まで行うのかなど、しっかり検討したうえで、できるだけ具体的に就業規則に書き込みましょう。もちろん、実際に懲戒処分をする際は規定した手順に沿って行います。懲戒委員会への付議を怠って下した懲戒処分について無効と判断された判例もあります。

🔍 弁明させるだけでなく、教育的な指導もあわせて実施する

　同じ違反については同じ処分が下されるのが一般的です。それが何度も繰り返されると処分は必然的に重くなります。イエローカードが累積したらレッドカードが出されるのは必至でしょう。しかし、**イエローカードの段階で何もしないと本人が改善する余地は生まれません。問題行動を戒めつつ、教育的な指導もあわせて行いましょう。**それでも改善されない場合、ようやく懲戒解雇ができる下地が生まれます。いきなりレッドカードの一発退場は認められ難い現状がありますので、十分に留意してください。

なるべく冷静で合理的な判断を

 懲戒処分 …の前に

 弁明　調査 ➡ 外部の専門家などによって構成された委員会などで客観的で合理的な判断を

 教育 改善
懲戒解雇

【規定例】　懲罰委員会

1. 労働者に対し減給以上の懲戒を行う場合、会社が定めた人による懲罰委員会を設置し、事実確認や事情聴取を行い、検討のうえ客観的に処分内容を決定する。ただし、懲罰委員会を設置せずに懲戒を行うことがある。
2. 第1項について、労働者が事実の隠蔽や虚偽の発言をした場合、それに対して懲戒を行うことがある。
3. 懲戒にあたっては、当該労働者の上司の監督責任を問うことがある。

〈弁明、教育〉
1. 懲戒を行う可能性がある労働者に対しては、事前に弁明の機会を与えることがある。
2. 懲戒を受けた労働者に対して、会社は必要に応じて教育を行う。

 「就業規則の超プロ」のアドバイス

一度でレッドカードを出すのではなく、イエローカードのうちに指導しましょう。

74 会社を守るために 損害賠償の規定を入れる

社内の秩序と規律を維持するために

🔍 悪意を持った迷惑行為には、対抗策を用意しておく

　経営者が懲戒を行う理由は、発生した行為について処罰を与えることにより社内秩序と規律を維持するためであり、労働者はこの秩序や規律を守る義務があります。無断欠勤を繰り返す者には、担当する業務遂行が困難になることや顧客に迷惑がかかることなどを教え、始末書を書かせて将来を戒めることも必要でしょう。あるいは労働時間中に携帯端末で私用のインターネットショッピングを行う者に注意を与え再発防止に努めるなどは、秩序と規律維持のために必要な処分です。

　これらの軽微な規律違反とは違い、**故意に社外秘のデータを持ち出して漏洩させる、悪意を持ってインターネットの掲示板などに会社の誹謗中傷を書き込む、売上金を使い込む、経費を水増しして請求する、飲酒運転で物損事故を起こして社用車を破壊する……などは、犯罪に該当する上、会社に直接的な損害を与える行為となります。**この際には懲戒解雇などの処分に加え、損害賠償請求を行えるように規定を整備しておきましょう。

🔍 実際に起こった過失に対しては、損害賠償を請求すべし

　仮に懲戒解雇という重い処分がされた場合でも、それですべてのペナルティがなくなるという訳ではありません。労働者の行為に伴って損害を被ったり、第三者に対し損害賠償責任を負ったという場合には、民法上の損害賠償請求（求償権の行使）を行うことができます。ただし、実務上は被害額の全額を請求できるという訳ではなく、会社側の管理監督の状況や指導状況などが勘案され、過失相殺されているのが通例です。

　なお、労働基準法には「賠償予定の禁止」が定められており、予め□□をしたら罰金○○円と金額を決めて明示することはできません。

損害賠償規定のポイント

労働基準法 第16条

使用者は、労働契約の不履行について違約金を定め、
又は損害賠償額を予定する契約をしてはならない〈大原則〉

 つまり、どういうこと……?

「□□をしたら○○円の罰金」というように、
金額を明示して規則に定めることは禁止されている

損害賠償請求（求償権の行使）
□ 会社の管理・監督状況
□ 会社の教育・指導状況

これらも鑑みて、損害賠償額が決定される

【規定例】 損害賠償

1. 労働者が、故意による過失や違反行為等によって会社に損害を
   与えた場合、労働者は損害の原状回復に必要な費用の一部または
   全部を賠償しなければならない。
2. 第1項の賠償責任は、労働者が退職した場合でも免れない。

 「就業規則の超プロ」のアドバイス

悪意のある人に対しては、損害賠償請求が
できるよう規定を整備しておきましょう。

ＳＮＳの使い方。
教育を怠ると大変なことに？

　数年前から社員による Twitter などの SNS(ソーシャル・ネットワーキング・サービス) への不適切な投稿（経営に関する重要な機密情報や顧客情報の流出、会社をはじめとする第三者への悪口や誹謗中傷、反社会的な発言など）がインターネット上で炎上する事例が後を絶ちません。

　これは単純に一社員のプライベートな問題に止まらず、その投稿行為が「事業の執行について行われた」とみなされると使用者として会社の責任を問われる可能性があり、損害賠償責任を負うこともあり得ます。

　これを防止するため、社員の SNS 投稿を禁止すればよいのかといえば、そう簡単な話ではありません。一律に禁止することは法的に無効と判断される可能性が高く、また法的な問題以外でも社員から反発を受けることもありそうで、特に若い人は SNS 利用が私生活に根付いているので、極端ですが、これを契機として退職してしまう者さえ出かねません。

　では、どんな対策を講じればよいのでしょうか？　まずは就業規則に SNS に関する規定を設け、その特性を理解させ、規定に違反すれば懲戒処分の対象になることを明示しておきましょう。

　さらに情報リテラシーを高めるための教育を施して、SNS 利用のガイドラインを作成しておくことも重要です。その際にはガイドラインを遵守してもらうために誓約書を作成し、署名・押印してもらうことも検討していいでしょう。前述の通り SNS を一律に禁止するのは非現実的なので、労使間でよく話し合って、お互いに納得できるルールを取り決めましょう。

Chapter **9**

安全衛生・災害補償・育児・介護のポイント

経営者として社員の健康維持に努めるために、健康診断や一時的な就業の制限なども規定しておきましょう。育児や介護による休業も必ず規定しておかなければなりません。

75 職場の「安全衛生管理」について

安心して働いてもらうために

🔍 快適な職場づくりについて

　労働基準法から枝分かれした「労働安全衛生法」は、「労働災害防止のための措置を徹底するとともに快適な職場環境の実現と労働条件の改善を通じて、職場における労働者の安全と健康を確保しなければなりません」と事業主の責務について規定を置いています。

　これに則って、①危険防止基準の確立、②責任体制の明確化、③自主的活動の促進などにより、職場における労働者の安全と健康を確保するとともに、快適な職場環境の形成を促進することが同法の目的なのです。

　2018年の働き方改革で、初めて時間外労働の上限が法定され、年次有給休暇の取得が義務化され、努力義務ながら、前日の終業時刻と翌日の始業時刻の間に一定時間の休息を確保する勤務間インターバル制度の導入が促されました。つまりこの改革の中身は「労働者の健康確保維持」がテーマになっているのです。"快適な職場づくり"は、これからの企業が取り組むべき重要な課題として、今後ますますクローズアップされるでしょう。

🔍 安全衛生管理の基礎づくりについて

　安全衛生の管理体制として、具体的には①安全衛生管理体制を確立するため事業場の規模等に応じて、安全管理者、衛生管理者及び産業医等の選任や安全衛生委員会等を設置する、②労働者の危険または健康障害を防止するための措置を講じる、③機械、危険物や有害物等の製造や取扱いにあたっては、危険防止のための基準を守る、④労働者の就業にあたっては、教育の実施や必要な資格を取得させる、⑤作業環境測定や健康診断等を行い労働者の健康の保持増進を行うことなどが求められています。

快適な労働環境の実現を目指して

事業主の責務

① 危険防止基準の確立
② 責任体制の明確化
③ 自主的活動の促進

労働者の安全・健康を確保
快適な労働環境を形成

① 安全管理体制の確立
② 労働者の危険・健康障害を防止するための措置を講じる
③ 機械、危険物や有害物質の取り扱いは、基準を厳守する
④ 教育を実施し、資格を取得させる
⑤ 作業環境測定や健康診断を実施

【規定例】 遵守事項、安全衛生教育

〈遵守事項〉

労働者は、安全衛生の確保のため、次の事項を遵守しなければならない。

① 機械設備等の点検を徹底し、異常が認められた場合は直ちに会社に報告し、指示に従うこと。

② 安全装置や防護服等が必要な場合は、必ず装着または着用すること。

③ 20歳未満の者または受動喫煙を望まない者を、喫煙可能な場所に連れて行かないこと。

④ 立ち入りや通行が禁止されている場所には立ち入らないこと。

⑤ 避難口や消火設備の迅速な使用を妨げる場所に、物品を置かないこと。

〈安全衛生教育〉

1. 労働者を新たに雇用した際、または配置転換などにより作業内容に変更が生じた場合、会社は必要に応じて安全衛生に関して教育を行うこととする。

2. 労働者は、安全衛生に関する教育について、受けた事項を遵守しなければならない。

 「就業規則の超プロ」のアドバイス

労働者が安全に働けることは、会社にとっても利益になることを認識しましょう。

労働者数によって変わる「安全衛生管理体制」とは

業種によって選任する人が違います

🔍 安全や衛生に関する推進者の選任が必要となる規模とは？

労働安全衛生の管理体制については、その事業場で使用される労働者の人数によって、管理者の選任や委員会の設置が義務付けられています。

まず、すべての業種において必要となるのが「衛生」についての管理です。常時10人以上50人未満の事業所ごとに「衛生推進者」を選任しなければなりません。このうち建設業や製造業などの一定の業種については「安全」にも配慮する必要があり、「安全衛生推進者」の選任が必要となります。これらは都道府県労働局長の登録を受けた者が行う講習を修了した人や一定の要件を満たした人の中から選任しなくてはなりません。

🔍 常時使用する労働者が50人を超えたときに必要な体制とは？

常時使用する労働者が50人を超えてくると、さらにさまざまな安全衛生管理体制が求められます。

すべての業種について「衛生管理者」を選任しなければなりません。なお、一定の業種については、これに加えて「安全管理者」を選任しなければなりません。さらに労働者の健康の保持増進などについて審議し、事業者に意見を述べる機関としての「衛生委員会」の設置や安全衛生に対する関心を持たせ、意見を事業所の安全衛生に反映させるための「安全委員会」の設置も義務となります。

また、労働者が健康で快適な作業環境のもとで仕事が行えるよう、専門的立場から指導・助言を行う「産業医」の選任も必要となります。働き方改革では事業者から情報提供をさせることや衛生委員会に対する産業医からの勧告の報告義務が盛り込まれるなど、その権限が強化されており、労働者の健康確保維持に向けた取り組みは、ますます重要になってきます。

業種によっても基準が変わります

安全衛生管理体制基準

	選任・設置規模			報告・周知義務の有無	選任人数	資格
	屋外的産業	製造業など	その他の業種			
総括安全衛生管理者	100人以上	300人以上	1,000人以上	・14日以内に選任 ・所轄労働基準監督署長に報告	1人	当該事業場においてその事業の実施を実質的に統括管理する権限および責任を有する者
安全管理者	50人以上		—	・14日以内に選任 ・所轄労働基準監督署長に報告	1人以上	大学の理科系課程を卒業し、2年以上産業安全の実務を経験した者など
衛生管理者	50人以上			・14日以内に選任 ・所轄労働基準監督署長に報告	規模により1人以上。3,000人超は6人以上	第一種衛生管理者免許を有する者などまたは医師など
安全衛生推進者	10人以上50人未満			・14日以内に選任 ・報告義務はないが、職場で周知する義務がある	1人以上	大学、高等専門学校卒業以上で、安全衛生の実務経験1年以上など
産業医	50人以上			・14日以内に選任 ・所轄労働基準監督署長に報告	3,000人以下は1人以上。3,000人超は2人以上	医師のうち厚生労働省令で定める要件を備えた者
作業主任者	一定の危険または有害な作業について選任				作業区分ごとに1人以上	都道府県労働局長の免許を受けた者または都道府県労働局長の登録を受けた者
安全委員会	100人以上（林業、鉱業、建設業等の災害多発業種は50人以上）	—		・報告義務はないが、職場で周知する義務がある	—	—
衛生委員会	50人以上				—	—
安全衛生委員会	安全委員会、衛生委員会に代えて設置				—	—

「就業規則の超プロ」のアドバイス

法定されている安全衛生管理体制は最低限の基礎なので、必ず構築しましょう。

健康診断を実施すべき対象者は誰か？

健康経営への第一歩

「安全配慮義務」と健康診断

近年、労働者等の健康管理を経営的な視点で考える「健康経営」という考え方が広がっています。労働者自身の健康への意識改革や健康プログラムの導入、休暇取得の促進、禁煙サポートなど、さまざまな取り組みがありますが、まず基本となるのは労働者の健康状態の把握でしょう。

その健康状態を確認するための「健康診断」の実施については、労働安全衛生法のなかに規定があり、一般健康診断と呼ばれるものに「雇い入れ時健康診断」や「定期健康診断」があります。また特殊健康診断として「有害業務従事中の健康診断」や「歯科医師による健康診断」などの実施が義務付けられています。企業としての安全配慮義務を果たすうえでも「受診を拒否することはできない」と就業規則には明記しておきましょう。

健康診断は「常時使用する者」が対象となりますが、パートタイム労働者であっても、通常の労働者の1週間の所定労働時間の4分の3以上働く場合には「常時使用する労働者」に該当しますので、注意が必要です。

健康診断の費用は誰が払う？ 受診時間の賃金はどうなる？

健康診断に関して、費用は誰が負担するのか？ 受診時間に対する賃金は支払うべきなのか？ という質問を受けることがあります。結論から申し上げれば、法律で定められている以上、その費用は会社が負担するものとされています。また受診時間中の賃金は、一般健康診断は基本的に労使協議によるものとされますが、所定労働時間中であれば会社が負担しているのが一般的です。なお、特殊健康診断は業務の遂行に関して実施されるものであることから受診時間は労働時間とみなされ、時間外や休日に実施すれば割増賃金が発生します。しっかり就業規則に明記しておきましょう。

受診時間も労働時間です

一般健康診断	1週間の所定労働時間の4分の3以上 働く人（パートタイム労働者含む）
特殊健康診断	「有害業務従事中の健康診断」 「歯科医師による健康診断」など

【規定例】 健康診断

1. 労働者に対して毎年1回の健康診断を行う。ただし、深夜労働に従事する者など法令で定められている者については、6カ月に1回の健康診断を行う。
2. 第1項の健康診断に加えて、法令で定められた有害業務に従事する労働者については、特別の項目についての健康診断を行う。
3. 労働者は、上記で定められた健康診断の受診を拒否することはできない。
4. 健康診断の結果は会社が一括して管理し、労働者個人に結果が通知された場合でも、会社に提出しなければならない。
5. 健康診断の結果により、会社が必要と認めた場合、労働者に対して一定期間の就業禁止、労働時間の短縮、配置転換等、健康上必要な措置を命じることがある。
6. 第1項、第2項で定められた健康診断にかかる費用は、会社が負担する。
7. 健康診断は、原則として所定労働時間中に実施し、受診時間も労働時間とみなす。
8. 深夜労働に従事する者などが勤務時間外や休日に健康診断を受診する場合、受診時間は時間外または休日労働とみなし、会社はその賃金を支払うものとする。

 「就業規則の超プロ」のアドバイス

「健康経営」の実践のためにも、労働者の健康状態をしっかり把握しましょう。

「労働者災害補償保険」と事業主との関係について

労働者を守るだけではありません

🔍 労働者災害補償保険は誰を守るのか?

　事業主が安全配慮義務を果たしていたとしても、突発的なアクシデントや労働者本人の不注意などにより、仕事上でケガをしてしまうことがあります。また、長期的な業務が健康を蝕み、不幸にして疾病に罹患してしまうことや通勤途上で負傷してしまうこともあるでしょう。

　そんな時に、一定額の収入補填を行う、必要な治療を無償で提供する、本人の社会復帰促進や遺族の援護などを行うことを目的としている制度が「労働者災害補償保険」です。

　本来、労働者が仕事上でケガをしたり、疾病に罹(かか)ったりした場合には、事業主がその責任において治療費などを負担する義務を負っています。しかし、補償額が大きくなればすべてを自己資本でカバーすることは難しく、また金銭的負担ができない場合には労働者の救済が図れないことから、国の保険制度として誕生したものが同保険なのです。ですから**一義的には労働者を守っているのですが、実は事業主も守られている**ことになります。

　労災保険の休業補償は４日目から支給されますが、最初の３日間は事業主が補償することになっています。また、保険料は雇用保険などと違って本人の負担分はなく、全額が事業主負担です。

　なお、労働保険事務組合に委託している場合には、事業主など本来は労災保険に加入できない人でも「特別加入」することができます。

🔍 労働者災害補償保険が適用される条件とは?

　労災保険が適用されるには、業務と傷病等の間に一定の因果関係（「業務起因性」と言います）があり、かつ、その業務が事業主からの指揮命令下にあったこと（「業務遂行性」）が必要となります。

労使双方を守る保険

労働者災害補償保険

- 突発的なアクシデント
- 労働者の不注意
- 蓄積疲労による健康不良
- 病気
- 通勤中の事故

▶

☐ 一定額の収入補填
☐ 必要な治療の無償提供
☐ 社会復帰促進
☐ 遺族の援護

事業主の負担をカバー
→労働者だけでなく
　事業主も守る保険！

適用条件

業務起因性……業務と傷病等の間に因果関係がある

業務遂行性……その業務が事業主からの
　　　　　　　　　指揮命令下にあった

【規定例】　災害補償

1. 労働者が業務上または通勤により負傷、あるいは疾病にかかったとき、または死亡した場合、労働基準法および労働者災害補償保険法に基づいて災害補償を行う。
2. 労災補償に基づく休業補償が開始されるまでの期間における休業補償は、会社がこれを負担し、平均賃金の60%を支払う。

「就業規則の超プロ」のアドバイス

**場合によっては、経営者も労災保険に
「特別加入」することができます。**

79 就業を「制限」すべき 場合とは？

「母性保護」で女性が働きやすい職場に

🔍 女性や年少者の危険有害業務の就業制限

男女雇用機会均等法や労働基準法などにおいて、男女の性別によるさまざまな差別は禁じられていますが、一方で「母性保護」の観点から、女性や妊産婦に対する就業制限は設けられています。

例えば、妊産婦に関して就業制限がかかるのは、①6週間（多胎妊娠の場合は14週間）以内に出産する予定の女性から請求があったとき、②産後8週間を経過しないとき（ただし、産後6週間を経過した女性が請求した場合で、医師が支障ないと認めた業務に就かせることは可能）となっています。また妊娠中の女性から請求があった場合は、他の軽易な業務に転換させなければならないとされています。この他、生理日に就業が著しく困難な場合も働かせることはできません。

また、高所での業務、重量物を扱う作業なども制限され、坑内業務や有害ガスの発生する場所での業務、運転中の機械等の危険な部分の掃除や検査、修繕作業なども禁止されます。これらは危険有害業務と呼ばれ、18歳未満の労働者（年少者）にも適用されます。

なお、年少者には、時間外労働や休日労働、深夜労働（22時～5時）などの禁止されており、変形労働時間制の対象者からも外れます。

🔍 未成年者を使用する場合の注意事項

児童（中学生までの間）は原則として労働させることはできません。ただし、例外として、満13歳以上の児童を所轄労働基準監督署長の許可を受けた場合に限り、一定の要件下で労働に就かせることは可能です。また満18歳に満たない者を使用する事業場には、年齢を証明する書面や学校長の証明書、親権者の同意書などを備え付けることが必要となります。

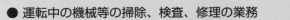 労働者を守るための制限です

危険有害業務

● 運転中の機械等の掃除、検査、修理の業務

● ボイラーの取り扱い業務

● クレーン・デリック等 (一定要件あり) の運転の業務

● 高さが5メートル以上で墜落のおそれのある場所における業務

● 有害物または危険物を取り扱う業務

● 著しく高温もしくは寒冷な場所または
　異常気圧の場所における業務　など

【規定例】　母性保護

〈産前産後の休業〉

1. 6週間 (多胎妊娠の場合14週間) 以内に出産予定の女性労働者から請求があった場合は、休業させる。

2. 産後8週間を経過していない女性労働者は、就業できない。ただし、産後6週間を経過した女性労働者が請求した場合、医師が支障なしと認めた業務であれば就業することができる。

〈生理休暇〉

1. 女性労働者から、生理日の就業が著しく困難である旨の請求があった場合、必要に応じて休暇を与える。

2. 第1項の休暇に対して、賃金は発生しない。

「就業規則の超プロ」のアドバイス

児童 (中学生までの間) は、原則として労働させることはできません。

80 就業を「禁止」すべき場合とは？

新型コロナウイルス感染症は「指定感染症」

病者の就業禁止

　労働者が伝染する疾病に罹患した場合、会社としてどのような対応を取るべきでしょうか？　労働安全衛生法には「病者の就業禁止」という条文があり、具体的には同法施行規則で**「病毒伝ぱのおそれのある伝染性の疾病にかかった者については、その就業を禁止しなければならない」**と規定されています。ただし、感染症に感染した場合には、労働安全衛生法ではなく感染症法上の規定によることになります。

　この感染症法では、感染症を一類から五類に分類しており、例えばエボラ出血熱やコレラ、結核、鳥インフルエンザなど（一から三類に分類）に罹患した場合、就業が禁止されます。2020年初頭に世界に伝播した新型コロナウイルス感染症も指定感染症です。しかし、季節性インフルエンザ（五類に分類）などに罹患しても就業の禁止措置は取られません。

　実務上は、本人が有給休暇を取得するケースも多いと思われますが、十分な労働力が提供できないため、会社として労務提供を拒否することは可能です。また**他の労働者に伝ぱする可能性がある以上、安全配慮義務の観点から、就業を禁止する旨を就業規則に記載しておくべきでしょう。**

就業を禁止した場合の賃金について

　前述の通り、季節性のインフルエンザに罹患した場合、感染症法上は就業禁止とならずとも、一般的に就業を禁止することが多いと思われます。しかし、これは法的な制限を超えることになりますので、平均賃金の6割以上の休業手当の支払い義務が生じます。少し、理不尽にも思えますが、法律上の定めに従い適切に対応してください。

会社のクラスター化を避ける

病者の就業禁止（例）

- エボラ出血熱
- コレラ
- 結核
- 鳥インフルエンザ
- コロナウイルス

安全配慮業務

○ 季節性インフルエンザ

法律上、就業を禁止する義務はないが、トラブル防止のため規定しておく

【規定例】 病者の就業禁止

1. 労働者が感染症法に定められた病気等にかかった場合、または集団感染などの恐れがあり、労働させることが不適当と認められる場合、会社は必要に応じて一定の期間出勤を禁止することができる。
2. 労働者が感染症法に定められた病気等にかかった場合、またはその疑いがある場合は、直ちに会社に報告し、指示に従わなければならない。
3. 季節性インフルエンザ等、感染症法に定められていない病気等で、労働者の出勤を禁止する場合、会社は平均賃金の6割を休業手当として支払う。

「就業規則の超プロ」のアドバイス

就業を禁止する場合は、平均賃金の6割以上を休業手当として支払う義務が生じます。

81 年々高まる「育児・介護」規程の重要性

人材の流出を防ぐために

少子高齢化への対策としても重要な規程

リーマンショック後の 2009 年 8 月に過去最低の 0.42 倍だった有効求人倍率が 2018 年度半ばには 1.6 倍を超え、バブル期を上回るようになり、求人募集を行ってもなかなか応募がないなど、人手不足感が強まっています。一方、育児や介護を理由に離職する人も増加しています。

このような社会情勢下にあって、子の養育または家族の介護を行う労働者等の雇用の継続及び再就職の促進を図ることを目的として制定されている「育児休業、介護休業等育児又は家族介護を行う労働者の福祉に関する法律」（通称：育児・介護休業法）が 2017 年の 1 月と 10 月に 2 回も改正されました。

改正内容は、介護休業が 3 回を上限として分割できることや半日単位での取得を可能とすること（2021 年 1 月に 1 時間単位に改正＝育児休業も同じ）、有期契約労働者の育児休業の取得要件の緩和、育児・介護休業を理由とする嫌がらせの防止、子が最長 2 歳になるまで育児休業を延長できることなどでした。1 年に 2 回も改正が行われるほど国としても重要視している施策です。法改正に対応させるため、この部分の規定は就業規則の本則からは切り離して、独立して作成することをおすすめします。

各種給付金により雇用継続が支援されています

この育児や介護の休業期間中、賃金を支払うかどうかは会社ごとに決められます（働かないので支払いなし＝ノーワーク・ノーペイの原則）ので、無給であっても不利益には該当しません。また、その場合には、それぞれの休業について一定の要件を満たす必要はありますが、雇用保険から育児休業給付や介護休業給付を受けることができます。

育児・介護休業の規定例

【規定例】 育児・介護休業、休暇

〈育児時間〉
1歳未満の子を養育する女性労働者から請求があった場合、休憩時間とは別に、1日につき2回、1回につき30分の育児時間を与える。

〈育児・介護休業〉
1. 労働者のうち必要のある者は、育児・介護休業法に基づく育児休業、介護休業、子の看護休暇、介護休暇、育児・介護のための所定外労働、時間外労働および深夜労働の制限や、所定労働時間の短縮などの措置等の適用を受けることができる。
2. 第1項についての詳細は、「育児・介護休業等に関する規則」に別途定める。

育児・介護休業等について規程する場合、
以下の項目は必ず記載する必要があります

□ 付与条件（対象となる労働者の範囲）
□ 取得に必要な手続き
□ 期間
□ 期間中の賃金支払の有無、賃金の計算方法、支払時期
□ 時差出勤や短時間勤務を行う場合の始業および終業時間

相対的必要記載事項についても、定める場合は
記載しましょう（期間中の賞与、教育訓練など）

「就業規則の超プロ」のアドバイス

労働者が安心して働けることは、会社の大きな魅力であり、財産ともなります。

COLUMN
コラム

現職閣僚の育児休暇取得と 「育児休暇」「育児休業」の違い

　2020年1月、日本の現職閣僚として初めて小泉進次郎環境大臣が「育児休暇」を取得しました。この取得を巡って賛否両論が巻き起こりましたが、同年4月から子どもが生まれた男性の国家公務員に対し、1カ月以上の育児休業・休暇の取得を促す制度がスタートしたこともあり、その先陣を切って……という意味もあったのかもしれません。男性社員の育児休暇については、少しずつ理解が進んできているように感じますが、まだまだ少数派なのが現実でしょう。

　なお、同じような言葉なので混同されることが多いのですが、「育児休暇」とは企業などが任意の基準で設定・運用する「休暇」であり、「育児休業」とは「育児休業、介護休業等育児又は家族介護を行う労働者の福祉に関する法律」（通称：育児・介護休業法）で定められた子を養育する労働者が法律に基づいて取得することのできる休業のことです。

　この育児休暇・休業中は、一般的には給与が不支給となるケースが多いと思われますが、雇用保険に加入している男性被保険者の場合、一定の要件を満たしていれば、出産日当日から育児休業を取得することができ（女性の場合は産後休業後から取得可能）、その期間中は非課税の育児休業給付が受給できます。さらに社会保険の被保険者だった場合、その期間中の社会保険料は免除（本人および事業主の負担分すべて）されるようになっています。

　男性社員の育児休暇取得を促進するための助成金が用意されることもありますので、その活用を契機として男性社員の育児休暇取得に取り組むことは、社員の確保・定着のためにもよいことです。

◎免責事項のお知らせ

・本書の内容には細心の注意を払っておりますが、記載情報の誤りや誤字など事由の如何を問わず、本書の内容を参考にして実際の業務を行い、それによって生じた損害については、筆者や出版元、その他関係者は一切の責任を負いませんので、その点はあらかじめご了承ください。なお、出版後に判明した誤字脱字等については、出版元ウェブサイトの「訂正情報」コーナーで随時公表しています。

・特に法的な記述に関しては、本書執筆時点での最新情報を参考にして作成していますが、法律は常に変わっていくため、本書の記述内容に全面的に依拠して判断を下すことはお控えください（必要に応じて、弁護士、社会保険労務士等の法律の専門家にご相談いただくことをおすすめします）。契約を含む法的行為は、ご自身の責任で行われるようお願いいたします。

・本書で掲載している就業規則の「規定例」は、厚生労働省の「モデル就業規則」を基に、筆者、すばる舎編集部が一部改変したものです。

◎参考資料
厚生労働省
https://www.mhlw.go.jp/hatarakikata/index.html

内閣府
https://www.cao.go.jp/

政府広報オンライン
https://www.gov-online.go.jp/index.html

経済産業省
https://www.meti.go.jp/index.html

国税庁
https://www.nta.go.jp/index.htm

公益財団法人 国際人材協力機構（JITCO）
https://www.jitco.or.jp/

独立行政法人 労働政策研究・研修機構
https://www.jil.go.jp/

ニッセイ基礎研究所
https://www.nli-research.co.jp/

日本経済新聞
https://www.nikkei.com/

その他、多数のサイトや資料を参照させていただきました。この場で、謹んで御礼申し上げます。

〈著者略歴〉

源田 裕久 （げんだ・ひろひさ）

社会保険労務士（就業規則の超プロ）
社会保険労務士法人パートナーズメニュー代表社員
産業心理カウンセラー

◎── 1966 年生まれ。栃木県出身。
◎── 足利商工会議所に 14 年間勤務。労働保険事務組合の担当者として労務関連業務全般に従事。同時に、経営指導員としても活動。会員企業の経営支援、金融相談、産学官連携、各種業界団体の運営支援などの事業に携わり、のべ 500 社以上の中小企業の経営相談に対応。
◎── その経験を活かして 2005 年に独立。オリジナル商品の開発支援やセキュリティ会社設立サポートなどのコンサルティング業務に携わる。その傍ら、2009 年から厚生労働省所管の「ジョブ・カード制度」における「地域ジョブ・カードサポートセンター」の推進員として、地元企業の人材確保・育成事業を 10 年間サポート。
◎── 2012 年には社会保険労務士試験に合格し、個人事務所を開設。社会保険手続きなど、さまざまな労務トラブルの相談に乗る。2016 年に法人化。現在、特定社会保険労務士や年金マスターなど多彩な能力を持つ 6 名のスタッフ体制にて、就業規則の作成や見直しをはじめ、クライアントからの多種多様なリクエストに応えている。人間関係を重視し、労務や人事以外の相談にも親身に応じるスタンスは多くの経営者から好評で、人望を集めている。

社会保険労務士法人パートナーズメニュー

〒 326-0814　栃木県足利市通 3 丁目 2757　足利商工会議所友愛会館 3 階
電話番号：0284-64-8735　ホームページ：http://www.pm-sr.com/
【全国相談対応可能】

装　　丁　菊池　祐（ライラック）
企画協力　城村　典子（Jディスカヴァー）
　　　　　新田　哲史（アゴラ編集長）
　　　　　尾藤　克之（著述家、明治大学研究員）
制作協力　社会保険労務士法人パートナーズメニュー

2時間でざっくりつかむ！
中小企業の「就業規則」はじめに読む本

2020年4月24日　　第1刷発行

著　　者──源田　裕久
発 行 者──徳留　慶太郎
発 行 所──株式会社すばる舎

　　　　　〒170-0013　東京都豊島区東池袋3-9-7　東池袋織本ビル
　　　　　TEL 03-3981-8651（代表）　03-3981-0767（営業部直通）
　　　　　振替 00140-7-116563
　　　　　URL http://www.subarusya.jp/

印　　刷──株式会社光邦